Nos enfants s'en souviendront…

Philippe Renard

Nos enfants s'en souviendront…

Essai

LE LYS BLEU
ÉDITIONS

ISBN : 979-10-422-4769-0

Du même auteur

– *Ma Cuisine Belge-Mijn Belgische Keuken, Brugge,* Editions Stichting Kunstboek, 1995 ;

– *La Nouvelle Cuisine wallonne,* Tournai, Édition, La Renaissance du Livre, 2002 ;

– *La Cuisine au chocolat*, Tournai, Édition La Renaissance du Livre, 2003 ;

– *Belges Cuisines*, Lodelinsart, Edition Labor, 2005 ;

– *Cuisine et chocolat,* Lodelinsart, Edition Labor, 2005 ;

– *Tu seras cuistot mon fils !* Bruxelles, Édition du Sablon, 2021.

En 2007, il est nommé président du convivium de Slow Foods Liège.

En 2010, Isabelle et Philippe Renard ouvrent « Philosophie de Cuisine », un atelier culinaire prônant une cuisine uniquement de saison, de proximité, durable et d'origine biologique, cela plusieurs soirées par semaine.

Le 30 juin 2017, Maxime, son fils aîné, reprend son atelier culinaire pour en faire un restaurant et une salle de réception de très haut niveau gastronomique dans la lignée familiale. La « Table Conviviale ». Ah les boulettes de mamy, ses gaufres et le cochon cuisiné de ses propres mains…

En août 2017, il devient responsable d'une coopérative à finalité sociale fondée par sept maraîchers de la région liégeoise pour qui il transforme les légumes et les fruits en potages pour les écoles : légumes cuisinés, confitures, conserves naturelles, bocaux à base de légumes locaux, etc., le tout sous l'appellation saisonnière, locale, durable et biologique certifiée.

Le 22 janvier 2021, il reçoit sa première paie de retraité et décide d'écriture des livres plus pointus que des recettes de cuisine. Mais surtout, il continue de travailler comme indépendant, avec sa casquette de cuisinier, de conseiller, et bien sûr de type qui n'en a rien à faire du pouvoir, mais qui ne supporte plus qu'on prenne les gens, et surtout pas les enfants pour des imbéciles ! À bon entendeur…

Depuis juillet 2023, en plus de ses nombreuses activités, il partage son temps entre son grand potager, ses visites en tant que commercial pour un chocolat liégeois, local et bio, ainsi que les prestations de son spectacle *J'ai tant à vous dire*, rien que cela ! Ah oui, il est aussi retourné dans les écoles pour réapprendre aux enfants, de 4 à 8 ans, le goût et les saveurs des bonnes choses à déguster…

Y en a marre des pubs qui mentent à nos bambins dès qu'ils sortent du berceau !

Qui peut encore de nos jours regarder un bon film à la télé sans interruption publicitaire mensongère ?

Clin d'œil à **Jacques Puisais**, l'initiateur et le créateur de « l'Institut du Goût » pour les enfants, et à **Jean-Pierre Coffe** qui a fait tout ce qu'il pouvait pour les parents…

Jacques Puisais

Il a trouvé la bonne méthode pour inciter les enfants au monde du goût.

Un(e) se gave de sucreries, ne mange que des pâtes, l'autre refuse de manger du fromage… Devant les refus alimentaires des enfants, les parents sont dépassés.

Il a mis au point une méthode d'enseignement des mécanismes du goût dont il révèle tous les secrets dans **« Le Goût chez l'Enfant, l'apprentissage en famille ».**

Construire sa joie de vivre à table, tel est le but de sa méthode. Il propose un éveil du goût en 10 séances à pratiquer en famille ou à l'école.

Il a mis en image les éléments de sa méthode dans le pavillon du Futuroscope de Poitiers et a créé l'Institut Français du Goût à Tours qui forme des animateurs chargés de dispenser sa méthode dans les Ateliers du Goût en milieu scolaire.

Extrait de la 4e page de couverture de son livre
Édition Flammarion 1999

Préface

Ah ! Jean-Pierre COFFE !

Homme aux multiples facettes réunies en une seule : celle de l'exigence du produit, quel qu'il soit.

Un homme de cuisine ? Oui, c'est ce que tout le monde pensait. Mais sa grande et vraie passion, c'était le jardin.

À chaque fois que l'on recevait les amis, la promenade dans le parc était l'étape obligatoire avant de partager le verre de « Blanc », puis la table.

Là, il était dans son élément, calme, apaisé et heureux comme un enfant qui souhaitait présenter les nouvelles espèces rares qu'il venait d'acquérir chez de vrais pépiniéristes.

Pour lui, la cuisine et le jardin avaient les mêmes points communs : l'échange, le partage, la simplicité et surtout la convivialité.

C'était cela, Jean-Pierre.

Christophe Dolbeau,
Compagnon de Jean-Pierre Coffe

Liège, 2024

« Prendre un enfant »
Paroles et musique Yves Duteil
Avec l'aimable autorisation des Éditions de l'Écritoire

Prendre un enfant par la main
Pour l'emmener vers demain
Pour lui donner la confiance en son pas
Prendre un enfant pour un roi

Prendre un enfant dans ses bras
Et pour la première fois
Sécher ses larmes en étouffant de joie
Prendre un enfant dans ses bras

Prendre un enfant par le cœur
Pour soulager ses malheurs
Tout doucement, sans parler, sans pudeur
Prendre un enfant sur son cœur

Prendre un enfant dans ses bras
Mais pour la première fois
Verser des larmes en étouffant sa joie
Prendre un enfant contre soi

Prendre un enfant par la main
Et lui chanter des refrains
Pour qu'il s'endorme à la tombée du jour
Prendre un enfant par l'amour

Prendre un enfant comme il vient
Et consoler ses chagrins
Vivre sa vie des années, puis soudain
Prendre un enfant par la main

En regardant tout au bout du chemin
Prendre un enfant pour le sien

Cette chanson est toujours la référence de nos jours quant à l'avenir et au bonheur de nos enfants.

N'ayant que ma plume munie de mon expérience culinaire à leur donner, je décide de vous relater ma manière de pratiquer l'école du goût et des saveurs dans les établissements scolaires qui le souhaitent, elle est essentiellement destinée aux enfants de 4 et de 8 ans.

Et tout le reste…

Introduction

Il y a 30 ans, j'avais un restaurant renommé à Oostkerke-Damme qui auparavant était doublement étoilé, près de Bruges en Flandre-Occidentale, au nord de la Belgique.

Francophone et Liégeois de souche, bien que ma grand-mère maternelle fût flamande d'origine, en 1990, j'ai traversé la frontière linguistique de mon cher plat pays avec armes, bagages et ma petite famille.

Ne connaissant que très peu la langue de Vondel grâce à l'élémentaire appris à l'école d'hôtellerie de Liège, un couple d'amis de Bruxelles, puis d'Ostende a été la pièce la plus importante du puzzle de mon intégration le long du canal de Damme vers Sluis.

Le conseil de mon premier contact sur place fut celui de mon livreur de produits laitiers. Louis me conseilla de brosser mon trottoir chaque dimanche entre 9 h 45 et 9 h 55 afin de voir passer tous les gens du village qui se rendaient à pied ou à vélo à la messe dominicale incontournable dans cette belle région.

Aussitôt dit, aussitôt fait !

Et j'y allais avec vigueur, lançant un « Goedemorgen » très chaleureux, l'accent local incomparable, le dialecte adéquat étant indispensable…

Mevrouw Hilde, l'institutrice du village, et celle de mes deux plus jeunes enfants, m'a contacté afin de me présenter aux petits enfants de sa classe. C'était pour elle un honneur de recevoir un jeune restaurateur, Wallon de surcroît, patron d'un restaurant réputé, qui parvenait à s'exprimer en néerlandais devant une classe de troisième maternelle.

C'est à cette occasion que je suis allé en classe avec un potage au cerfeuil préparé la veille et que je me suis présenté aux enfants. J'étais habillé en cuisinier des pieds à la tête, avec ma plus belle toque blanche. L'émerveillement des enfants était total !

À tel point que lors du brossage dominical suivant, un enfant passant à vélo avec ses parents me salua d'un merveilleux « Hallo meneer Kervel ». Fantastique non, Monsieur Cerfeuil ?

Ma rencontre avec Jacques Puisais

En 1998, je suis chef de cuisine chez Monsieur Alain Rens, ambassadeur de Belgique à Paris, dans sa résidence du 8e arrondissement. Chaque soir, ayant du temps libre, il n'est pas question de me promener éperdument sur l'avenue des Champs-Élysées.

Je me baladais régulièrement dans le quartier très branché de la rive gauche, rue Saint-Michel et le boulevard Saint-Germain, du côté de la Sorbonne. Un panneau y indiquait qu'une conférence de Jacques Puisais, l'initiateur de l'Institut du Goût chez les enfants, se tiendrait le lendemain à 21 h.

Je m'y rends et, au milieu de son intervention, il demande au technicien de baisser la lumière et à toute l'assemblée de fermer les yeux, d'essayer de se remémorer un moment culinaire de notre petite enfance, en ayant les bras ballants, les yeux fermés et la tête bien décontractée. De manière incroyable, je me revois dans la cuisine de ma grand-mère de Haneffe, petit village de Hesbaye, où l'odeur qui m'enivrait était celle du riz cuit au lait de brebis parfumé à la cannelle, qu'elle laissait mijoter très lentement sur le coin de son feu à bois !

Des larmes coulaient sur mes joues, et d'un claquement de mains, il demanda de rallumer la salle. Nous étions tout de même plus de 200 personnes et nous nous sommes regardés bizarrement, car chacun d'entre nous avait une réaction étonnante. Il a alors expliqué que chaque enfant entre 4 et 8 ans a des capteurs de mémoire spécifiques dans son cerveau, qui lui permettent d'enregistrer à perpétuité tout ce qu'il voit, ce qu'il sent ou ce qu'il goûte !

Lorsque je suis rentré en Belgique la semaine suivante, j'ai demandé à ma maman l'âge que j'avais quand j'allais régulièrement en vacances chez ma grand-mère, et elle me répondit que je devais avoir 5 ou 6 ans… Alors, profitons-en pour inculquer à nos enfants, dès cet âge, ce qu'il y a de meilleur chez nous afin qu'ils ne l'oublient jamais de toute leur existence.

C'est après cela que j'ai décidé en 2000 d'aller bénévolement dans les écoles de mon village et de ceux des alentours afin de prêcher la bonne parole gustative et culinaire aux petits enfants entre 4 et 8 ans. Retraité depuis fin 2020, c'est avec plus de plaisir que je reprends mon bâton de pèlerin pour diffuser les bonnes paroles aux enfants dans un maximum d'écoles de ma région et d'ailleurs.

Puis la rencontre avec Jean-Pierre Coffe

Cette idée de livre m'est aussi venue grâce à ma rencontre avec Jean-Pierre Coffe, du temps de sa fameuse émission sur France Inter durant dix ans : « Ça ne se bouffe pas, ça se mange » ! C'est par un beau samedi d'automne 2004, au Salon du Livre Gourmand à Périgueux, dont la Belgique était l'invitée d'honneur, que je l'ai rencontré pour la première fois. Il y présentait son émission en direct entre 12 et 13 heures.

En 1998, je suis chef de cuisine à Paris, dans le 8e, à deux pas de la place de la Madeleine et en face du théâtre qui porte le même nom.

Durant mon travail, la radio est ma meilleure amie. Souvent seul au fourneau, RTL, Europe 1 et surtout France Inter me gavent des musiques que j'aime. C'est sur cette dernière, qui m'attirait de plus en plus, que j'entends des émissions culturelles exceptionnelles, comme « Le carrefour de l'Odéon », « Là-bas si j'y suis » et bien sûr, « Ça ne se bouffe pas, ça se mange ».

Rentré en Belgique en 1999, j'ai gardé cette belle habitude d'écouter France Inter, et en 2004, j'entends que Jean-Pierre Coffe fera son émission en direct du Salon de Périgueux.

Je n'en fais ni une, ni deux, et comme vous l'aurez peut-être lu dans mon livre précédent (*Tu seras cuistot, mon fils*… Édition Du Sablon à Bruxelles), je suis invité à participer à son émission de manière très originale… J'ai forcément regardé ses interventions, souvent musclées et très pointues, à la télévision, notamment sur Canal+ et à *Vivement Dimanche* chez Michel Drucker. Son décès, le 26 mars 2016, a laissé un énorme vide dans le paysage « culinaire culturel ». Plus jamais je n'ai vu ou entendu une personne monter au créneau de la malnutrition qui nous envahit aussi rapidement qu'un ouragan ! Plus de coups de gueule sanglants qui percutent tout un chacun, nada !

Pour le quidam, c'est bien plus agréable et « plus facile » de regarder « télé couille », où on lui impose la téléréalité à fond les caisses dans les cuisines du monde, quand ce n'est pas dans un studio idéalement conçu en compagnie de « grands chefs », qui passent bien sûr à la casserole, mais surtout à la caisse. À chacun son truc ! Avec ce dernier mot, l'ambiance est assurée ! Vous lirez que tant sur les situations rencontrées dans ma vie de cuisinier que sur n'importe quel autre sujet, jamais je ne joue l'innocent, et encore moins avec la langue de bois !

Je ne souhaite en aucun cas « copier » ce que faisait Jean-Pierre Coffe. J'ai ma personnalité et je l'utilise en général à bon escient, mais comme le disait Annie Humbrecht, en Alsace, à des amis venus de Corrèze :

« Je vous présente Philippe Renard, c'est un peu le Jean-Pierre Coffe belge ! »

Alors, ainsi soit-il !

Ma philosophie enfantine
Ma madeleine de Proust…

C'est à croire que je suis tombé dans la casserole quand j'étais petit.

Des grands-parents agriculteurs, des parents qui avaient une petite fermette et un grand potager à titre privé, une grand-mère et une maman qui cuisinaient avec intuition et passion. Il n'y a rien d'autre à ajouter, si ce n'est que je suis devenu cuisinier après avoir été un vrai gourmand durant toute mon enfance.

Lorsque mes parents s'inquiétaient quant à mon avenir scolaire, j'avais 11 ans, nous étions à table pour le repas du soir.

« S'il faisait cuistot ? Au moins comme ça on est certain qu'il ne mourra pas de faim, non ? »

Mon père répondit par l'affirmative et en septembre 1967, j'étais inscrit à l'école hôtelière de Liège.

Lorsque à 13 ans, vous êtes dans la cour de récréation et qu'au travers des fenêtres vous voyez les « grands » qui travaillent d'arrache-pied pour être prêts au service de midi, vous vous dites, c'est ça que vous allez faire !

J'ai commencé à faire de petits banquets avec ma maman et lors des repas de communion, les parents souhaitaient que je cuisine autre chose pour les enfants.

J'expliquais que ce serait bien de faire le même menu, mais en proportions plus petites et avec des garnitures plus adaptées, et ça marchait à chaque fois.

Il en fut de même dans mes différents restaurants. Pourquoi mettre dans un coin de la carte cette expression que je déplore à chaque fois que je la vois :

« Le coin des enfants ».

Les nuggets de poulet sauce ketchup !
Le hamburger big mac 4 étages
La saucisse-purée-compote de pommes
Le spaghetti à la bolognaise
La glace vanille-fraise en toutes saisons...

Bon Dieu, faut arrêter de prendre nos bambins pour des cons et ne pas leur proposer les mêmes merdouilles que celles que l'on voit dans tous ces établissements de restauration rapide et insipide dans chaque centre commercial, dans les parcs d'attractions ou au bord des autoroutes…

Je me souviens également que lorsque je suis arrivé en restauration de collectivité, le mercredi était le jour où les enfants des employé(e)s mangeaient avec leurs parents, car ils avaient congé l'après-midi.

Mon second de cuisine m'expliquait le fonctionnement de l'établissement. Il précisait que le mercredi était le jour des frites, car les enfants venaient en grand nombre. Eh bien dorénavant, ce serait toutes les deux semaines et nous leur cuisinerions des plats plus créatifs que boulet-frites-ketchup !

Résultat : le mercredi, on est passé de 200 personnes en fréquentation à plus de 500. Même le mercredi sans frites ! CQFD…

Buts, constatations et actions

Très important. Pour votre information et afin de ne pas être répétitif, tous les ingrédients de mes recettes sont d'origine locale et/ou biologique.

De nos jours, c'est devenu la norme, mais pas pour moi !

S'il me fallait citer des exemples concrets, il me faudrait plus de dix pages pour expliquer ce qu'il se passe actuellement. Mais rassurez-vous, ça fait déjà plus de soixante ans que ça dure et plus on avance, pire c'est.

Afin de bien vous faire comprendre pourquoi nous sommes dans le mur, je vais écrire un titre pour les paragraphes qui suivent en développant la réalité de ce que vous ingurgitez au quotidien ou de ce qu'on vous en raconte.

Rien d'étonnant que de plus en plus de personnes soient allergiques, développent des cancers incroyables, et ce, à tout âge ! Les gens deviennent de plus en plus agressifs dans énormément de situations quotidiennes, ils n'ont plus de civisme, et j'en passe.

Allez, je me lance sans aucune retenue…

Les médias nous disent ce qu'ils ont envie de nous dire…

Ce qui est beau avec les médias en général, c'est qu'ils ne sont pas politisés ! Non, ils ne disent que la vérité du terrain.

Et surtout, il est très intéressant, pour maintenir une bonne audience ou une lecture régulière, de donner aux gens ce qu'ils attendent. Du voyeurisme, de l'improbable, des choses qui claquent et qui attirent l'oreille ou la vue sur des événements parfois incroyables.

Et l'on s'étonne que les écervelés qui regardent le JT prennent exemple sur ces monstres qui vont tuer des gens.

La nouvelle tête de veau ou le fromage de tête ?

Ayant eu le privilège de livrer en dépannage de très bons chocolats dans la grande distribution, quelle que soit l'enseigne, j'en ai profité pour jeter un œil sur ce qui se vend dans les comptoirs de ces grands, et très grands magasins.

Il y a maintenant dans les comptoirs de boucherie de ces magasins des mensonges incroyables, mais qui sont devenus avec le temps des vérités pour les cons-sommateurs !

« Tête de viande », « Viande de tête », « Tête sauce tomate », « Tête à la liégeoise », et j'en passe. Tout cela pour nous dire que la tête de veau n'est plus de la tête de veau, mais qu'elle est faite avec du porc, du bœuf, du mouton, ou de la dinde venue tout droit du Brésil…

Bon appétit !

Des frites, des frites, des frites…

J'avoue que, comme le dirait Fabrice Luchini, « Attention, là, c'est du lourd… »

Depuis ma tendre enfance, un jour par semaine, c'est le repas avec frites. Des frites oui, mais pas n'importe lesquelles.

Version de ma grand-mère Mathilde : « Mettre à fondre dans une casserole en fonte sur son poêle à bois appelé la cuisinière, moitié graisse de bœuf et moitié graisse du mouton tué dernièrement par Julien, le voisin. Mesurer le poids des frites faites avec les patates du potager. Elles ont d'abord été lavées avant de les peler pour ne pas les salir, puis coupées au couteau bien aiguisé. Posées dans une assiette creuse en face de la place de chaque convive autour de la table (en général, c'était pour 4 personnes), puis largement lavées à l'eau et séchées minutieusement.

Lorsque la "friteuse" avait atteint 140° (sans thermostat SVP !), elle plongeait une assiette à la fois pour les précuire et les remettait ensuite, bien secouées, dans un grand plat en terre cuite. »

Version friterie de quartier bien locale : des frites qui peuvent être faites avec des pommes de terre locales et fraîches. Mais ce sont de plus en plus des sachets de 10 kg de pommes frites fraîches ou de pommes de terre entières qui seront transformées en frites par le « chef ». Quand ce ne sont pas des frites surgelées ! Des boulets qui seront peut-être faits maison, en version à la liégeoise, appelée maintenant sauce lapin à la con ou sauce tomate venue tout droit de poches en plastique de chez Métro ou d'un autre grossiste en saloperie visant la restauration…

Et si je vous écris tout ce qu'il y a dans le comptoir frigo, bien à la vue des clients, je m'effondre d'un malaise similaire à celui que ces clients auront le jour où on leur apprendra qu'ils ont un cancer de je ne sais où.

Tout ça à cause d'une bouffe aseptisée, à base de viande de singe reconstituée (c'est une expression qui m'est propre depuis que j'ai goûté au corned-beef lors de mon service militaire en Allemagne !), de volailles venant d'Asie ou d'Amérique du Sud, dont même les plumes sont mixées finement au cutter pour mettre dans les polycrocs, etc.

Dernièrement, j'y ai vu une sorte de grosse bite enrobée de chapelure dont le bout est rouge sang, vraiment n'importe quoi ! De toute façon, tout cela sera réchauffé soit en friture, soit au micro-ondes avec un réglage de température à cœur, très précise !

Et que dire de l'expression fricandelle qui, au départ, est un dérivé de la fricadelle, une sorte de boulette de viande classique de forme ovale, déformée par l'industrie pour en faire cette saucisse de fausse viande mixée très fine avec des épices à tomber par terre…

Viande de bœuf ou de mammouth ?

J'ai encore bien en mémoire mon intervention dans un établissement destiné à la formation des futurs cuisiniers, traiteurs et bouchers de la province de Liège. Un bâtiment tout neuf, supposé former nos jeunes aux métiers de bouche de très grande qualité et avec des compétences incontournables.

Entre parenthèses, je suis allé voir dernièrement le site de cet établissement et oh, belle surprise dans les onglets (pas de bœuf ni de veau bien sûr !) : peut-être ne savent-ils pas ce que signifie « onglet » en France ?

J'y ai découvert que 90 % de sociétés industrielles non irréprochables étaient partenaires de la maison et que seulement 10 % de sociétés dites locales et peut-être bio l'étaient également. Je ferme la parenthèse !

Pour une association wallonne qui défend le bio et le local dans nos assiettes, je prends la parole pour parler du sujet qui m'est imposé : le bœuf wallon.

C'est en commençant mon éloge des viandes bovines que j'ai toujours aimé cuisiner, comme l'Angus d'Habay-la-Vieille d'André Grevisse, la Blonde d'Aquitaine ou la Limousine de Henri Pâques à Alleur, que je me rends compte que dans l'assemblée de près de 100 personnes, il y a 80 % d'éleveurs fermiers de BBB, ce que j'ai osé appeler la race bovine aryenne depuis belle lurette !

Finalement, je n'ai pas retourné ma veste, mais ce sont les éleveurs qui ont voulu me la retourner !

Qui a manifesté ces dernières semaines dans les rues de nos villes ? Uniquement les agriculteurs qui sont tenus par le système imposé par l'agroalimentaire européen et les lobbies des produits chimiques et phytosanitaires qu'on leur a imposés progressivement depuis la dernière guerre mondiale. Fallait bien se débarrasser de ces produits chimiques ! Et comme ils sont la tête dans le guidon depuis tant d'années, pourquoi changer une équipe qui gagne ?

Bœuf Limousin de Beaufays, sommités de chou-fleur, noisettes et quinoa

- 4 entrecôtes persillées de 150 g
- Sel et poivre noir
- Sauge et romarin frais
- 150 g de sommités de chou-fleur
- 100 g de noisettes grillées
- 4 jeunes oignons fins
- 4 c. à s. d'huile de noisette
- ½ jus de citron

– ½ c. à s. de vinaigre balsamique blanc
– 200 g de quinoa
– ¼ de carotte, ¼ d'oignon, thym et laurier
– Une noix de beurre
– 8 fines tranches de carottes blanchies
– 4 feuilles de sauge ou 4 brins de romarin

1. Cuire le quinoa 10 minutes dans l'eau avec carotte, oignon, thym et laurier, avec sel et poivre. Égoutter et ajouter le beurre.

2. Huiler des cerclages en inox, les tapisser de lanières de carottes blanchies, les disposer sur un plat huilé allant au four et remplir avec le quinoa juste à ras bord. Réserver.

3. Pour la vinaigrette, couper finement les sommités de brocoli, concasser les noisettes grillées et les mélanger avec les sommités, ajouter les oignons fins en fines rondelles, l'huile de noisette, le jus de citron, le vinaigre balsamique blanc, sel et poivre. Laisser macérer au moins 30 minutes.

4. Assaisonner la viande dans un récipient avec sel et poivre, ajouter une grosse quantité de sauge et de romarin ciselés, ajouter un peu d'huile d'olive et laisser infuser les herbes 20 minutes au frais.

5. Mettre le quinoa recouvert d'un film alimentaire au four à 85 °C pendant 20 minutes. Vérifier l'assaisonnement de la vinaigrette et, 5 minutes avant la fin du réchauffage du quinoa, cuire les entrecôtes à la plancha ou à la poêle selon l'appoint souhaité.

6. Décercler le quinoa sur une assiette bien chaude, poser la viande, verser la vinaigrette sur la viande en diagonale et garnir le quinoa de sauge ou de romarin frais.

Vin conseillé : Cru du Beaujolais, Moulin-à-vent ou Saint-Amour.

Que sont des sommités ?

Les sommités sont les parties extrêmes d'un légume ou d'un aromate, que l'on coupe à l'aide d'un couteau ou d'une paire de ciseaux, selon la constitution de l'aliment.

On parlera de sommités de chou-fleur, de brocoli, de thym, de chicon, de salade, etc.

Oh les beaux petits veaux dans la boîte en plastique de la cour de la ferme…

S'il y a une chose qui m'énerve vraiment, c'est ce que proposent la plupart des fermiers pour attirer les enfants et leurs parents, qui, n'étant informés de rien en ce qui concerne l'élevage intensif, se font berner comme des gros bleus !

Effectivement, il y a souvent deux ou trois « cages » blanches en plastique bien en vue dans la cour d'accueil. À l'intérieur, un peu de paille et un ou deux veaux séparés de leur mère à la naissance, des fois qu'ils boiraient le lait de leur mère par inadvertance !!!

L'étable des vaches laitières étant juste à côté, je ne vous raconte pas comment le veau et la vache se mettent à hurler lors de la séparation.

Et de surcroît, les premières vaches visibles depuis la cour et la route ont été régulièrement lavées, pour qu'on imagine que c'est pareil pour les 198 autres, qui sont bien plus sales, avec des pis bien trop lourds pour leur corps, ressemblant plus à des squelettes recouverts de peau dont les muscles ont disparu.

Buvez du lait, mais uniquement du bon, du propre et du juste !

Filet de veau coupé au couteau comme dans le Piémont

– 400 g de filet de veau sous la mère
– Sel de mer et poivre noir du moulin
– 50 g de carotte
– 50 g de céleri vert
– 2 c. à s. d'huile d'olive vierge de grande qualité
– 1 citron non traité
– 100 g de fromage Grana Padano
– 4 doubles feuilles de basilic
– Huile d'olive pour la garniture

1. Couper la carotte pelée et le céleri en fine brunoise de 3 mm, les mélanger dans un bol avec sel, poivre, un peu d'huile d'olive et de jus de citron. Laisser macérer 15 minutes au frais, à couvert.

2. Pendant ce temps, râper le fromage et le répartir dans des formes rondes de 8 cm sur une plaque allant au four, préalablement recouverte d'un papier ou d'un tapis de cuisson. Retirer les formes et cuire à 150 °C pendant 5 minutes, laisser refroidir et décoller à la spatule en inox.

3. Couper la viande en petits cubes de 5 mm au couteau, la mélanger dans un bol avec sel, poivre, un filet de jus de citron (pas trop !) et un peu d'huile d'olive.

4. Placer un cerclage de 8 cm sur une assiette, y tasser les légumes au fond, mettre la viande hachée jusqu'en haut, bien tasser également et retirer le cerclage.

5. Tracer un trait d'huile d'olive autour et garnir la surface d'une galette de fromage et d'une belle feuille de basilic.

Vin conseillé : Vin blanc de Langhe du Piémont.

Par quoi puis-je remplacer le veau ?

C'est comme pour un tartare : du bœuf Limousin ou Blonde d'Aquitaine, en hiver du cerf ou de la biche. Les poissons auront également un franc succès, avec un peu de ciboulette et d'aneth hachés associés au mélange de poissons, tels que le saumon bio, la noix de Saint-Jacques, le filet de bar ou la langoustine crue, bien sûr !

Il y a chocolat et chocolat !

Là, je n'ai rien inventé, c'est un collègue qui m'a donné une formation argumentaire quant à la vente de chocolats bio dont je suis devenu accro !

« Le chocolat, c'est comme le foot et les voitures, il y a trois catégories bien distinctes : *Le Basic, Le Standard et Le Premium. Et nous, nous sommes LE Premium…* »

En réalité, le chocolat noir est un mélange de pâte de cacao, de beurre de cacao et de sucre. Forcément, plus vous ajoutez de sucre, moins cher il sera…

Le chocolat au lait est identique au noir, avec en plus du lait en poudre.

Le chocolat blanc, que beaucoup de connaisseurs ne considèrent pas comme du chocolat, est un mélange de beurre de cacao, de lait en poudre et de sucre.

De nos jours, avec l'explosion des prix, les fèves de cacao et le cacao ont connu une sérieuse augmentation. Cela n'empêche pas les amateurs de chocolat, et non de sucre à outrance, d'acheter un chocolat de qualité plutôt qu'une de ces infâmes sucreries légèrement chocolatées, vendues en grande distribution, que ce soit en classique ou en low cost.

Tartelette au chocolat, pistaches et noisettes grillées du Piémont

– 4 fonds de tartelette en pâte sablée
– 125 g de crème fraîche
– 200 g de chocolat au lait de Chez Blanche
– Noisettes grillées du Piémont
– Menthe et pistaches en garniture

1. Griller les noisettes dans une poêle sans matière grasse et les concasser grossièrement.

2. Mettre la crème dans un poêlon, la porter à ébullition, retirer du feu et y ajouter le chocolat coupé en petits morceaux. Bien mélanger pour obtenir une ganache très onctueuse.

3. Répartir la ganache dans les fonds de tartelette, laisser tiédir, puis ajouter les noisettes concassées sur le chocolat, garnir d'une pistache au centre et mettre au frais pour au moins une heure.

Vin conseillé : un vin dolce du Piémont.

Pourquoi du chocolat au lait ?

Parce que je trouve que le chocolat au lait et la noisette grillée s'associent parfaitement, et puis cette ganache me vient d'une recette de tarte chocolat-banane, qui était la préférée de Sonia Rykiel…

L'industrie du lait et de tous ses dérivés

Mes qualités de conseiller culinaire m'ont amené à voyager régulièrement dans différents pays, dont la Chine en 1999, avec l'opportunité de travailler durant trois semaines avec le chef Robert Fontana, un homme du sud-ouest de la France que j'avais connu comme maître d'hôtel au Bouillon Racine à Paris.

Ma curiosité naturelle me poussait à me balader régulièrement dans les rues de Shanghai, et j'ai constaté que l'Asiatique, qui se nourrissait de très peu de produits laitiers, avait maintenant le choix entre des centaines de dérivés du lait en provenance de Danone et distribués par Carrefour Asie.

Le maître d'hôtel Tim du Peace Hôtel, où je travaillais, me servait de guide et m'a signifié que c'était une aberration totale de trouver ces produits dans les supermarchés.

L'Asiatique est né avec des goûts bien précis et trouve toutes les protéines et autres éléments nécessaires à son alimentation dans sa nourriture quotidienne, sans pour autant passer par les produits laitiers.

Les catalogues de l'industrie agroalimentaire dans les cuisines de collectivité, bien sûr !

En septembre 2000, je me rends compte de l'incroyable en matière d'alimentation industrielle proposée aux restaurants dits de collectivité !

Un mercredi matin, on m'appelle de l'accueil pour m'informer qu'un délégué commercial d'une société incontournable sur le marché de l'agroalimentaire souhaite me rencontrer.

Par politesse, et étant novice en matière d'achats pour un restaurant de collectivité, je laisse monter ce brave monsieur au onzième étage, dans mon bureau juste à côté des cuisines.

Après les présentations d'usage et m'avoir donné sa carte de visite, ce délégué commercial me montre son catalogue dernier cri, d'une épaisseur égale à un Larousse ! Il fait défiler devant moi toutes les pages plastifiées et, à bien y regarder, cela ressemble à un album photos dernier cri, identique à un magazine de prêt-à-porter féminin à la mode !

Toujours par respect, je lui laisse le temps d'exposer ses arguments concernant les produits proposés. Finalement, il me donne un catalogue identique au sien en précisant que c'est très simple : il suffit de scanner le code-barres sous chaque produit, correspondant à une recette, via une application pour passer commande.

Et pour terminer, les cerises sur le gâteau : un disque à glisser dans mon ordinateur, une douchette pour scanner les code-barres, et tout est automatisé ! Facile, non ? Il fallait y penser !

Après 20 minutes de palabres, et avant de partir, il me dit qu'en achetant pour 5 000 € par mois je pourrais bénéficier personnellement de vacances de deux semaines en Corse…

Je suis effectivement allé en Corse, mais c'était bien avant cela, du temps de la prospérité de mon restaurant en Flandre, en 1993, avec mes amis André Godéris, président des 33 Maîtres Queux de Belgique, et Robert Van Duüren, membre des Maîtres Cuisiniers de Belgique, The Mastercooks of Belgium. Et basta, tout est dit !

Saumon bio en croûte de sel, botte de légumes et jus d'ail des ours, pour 4 personnes

Préparation : 30 min
Cuisson : 30 + 20 + 2 min
Facile

– 4 pavés de saumon bio avec la peau
– Poivre noir du moulin
– Fleur de sel de Guérande
– 8 carottes fines nouvelles
– 8 oignons fins nouveaux
– Huile d'olive et thym frais
– ½ oignon haché
– 2 gousses d'ail en chemise
– 20 feuilles d'ail des ours
– Une noix de beurre
– 4 fleurs d'ail des ours en saison

1. Peler les carottes et les raccourcir à 16 cm de long, les couper en deux juste au milieu et faire des fagots de 4 morceaux de carotte et de 4 oignons fins de la même longueur. Les ficeler et les mettre dans une casserole avec de l'huile d'olive, un filet d'eau, l'oignon haché, du sel, du poivre, du thym et les gousses d'ail entières.

2. Couvrir la casserole et laisser mijoter très lentement pendant au moins ½ heure.

3. Saler et poivrer le saumon côté chair, le poser sur une plaque huilée côté peau vers le haut, ajouter de la fleur de sel sur la peau et faire colorer sous le grill du four juste pour obtenir une belle croûte. Arrêter le grill et mettre le four en chaleur tournante à 85 °C pendant 15 minutes.

4. Laver et émincer l'ail des ours, le mettre dans un poêlon avec un filet d'eau et du sel, cuire 2 minutes à couvert puis mixer en purée, ajouter du poivre et terminer avec une noix de beurre.

5. Sur assiette chaude, dresser le saumon, les bottes de légumes, et faire un beau trait de coulis d'ail des ours, plus une garniture de saison.

Vin conseillé : A Capella blanc de Vin de Liège, servi bien frais.

Ce n'est pas parce que c'est fermier, voire local, que c'est bon pour la santé !

J'adore attirer l'attention lorsque j'entends quelqu'un me dire : « Mais vous savez, Monsieur, moi j'achète beaucoup de produits directement à la ferme chaque semaine ! »

Mes différentes expériences, tant professionnelles que privées, m'ont toujours permis de faire un tour d'observation lorsque j'arrivais chez un futur fournisseur ou dans un endroit dédié à la bonne nourriture.

C'est au fond ce que beaucoup de gens ne font plus actuellement. Ils ont une totale confiance en ces « influenceuses ou influenceurs » qui les orientent à leur guise, avec d'énormes soutiens financiers de la part des grosses machines de guerre, qu'elles soient de n'importe quel bord, tant que ça rapporte !

L'exemple de cette ferme devant laquelle je passe régulièrement, qui ouvre ses portes chaque fin de semaine et où l'on fait la file pour bien se nourrir. Un dimanche, je me suis baladé dans le quartier de cette exploitation et j'en ai fait le tour. Je m'étais assuré qu'il n'y avait personne présent à plusieurs reprises. Lorsque j'ai vu le gros pulvérisateur dans la grange, les vaches « pisseuses à lait » et les produits phytosanitaires planqués derrière un volet, je me suis dit : « Eh bien, voilà, on y est… CQFD ! »

L'assiette « fantaisie » avec des légumes crus et cuits

– 15 g de vinaigre balsamique
– 25 g d'eau
– 0,15 g d'agar-agar
– 2 asperges vertes et 2 blanches
– ½ grosse carotte nouvelle
– ¼ de concombre
– ¼ de courgette et 2 radis
– Huile d'olive et jus de citron
– 2 tomates-cerises confites
– 6 pois mange-tout
– ¼ de betterave rouge nouvelle
– Feuilles d'herbes potagères
– Fleurs comestibles
– 30 g de fèves de marais
– Sel, poivre noir et graines germées

1. La veille, cuire l'eau avec l'agar-agar durant 5 minutes, ajouter le vinaigre hors du feu, bien mélanger et laisser refroidir dans un plat pour la nuit.

2. Peler les 4 asperges, cuire séparément al dente dans de l'eau bien salée et les plonger dans de l'eau froide, bien les sécher sur papier de cuisine.

3. Blanchir les pois mange-tout et les rafraîchir.

4. Couper en lanières, à l'économe, carotte, concombre et courgette dans un saladier, assaisonner d'huile d'olive et de jus de citron, sel et poivre, laisser mariner au moins 20 minutes.

5. Cuire les fèves à l'eau salée, les rafraîchir à l'eau et les refroidir. Vérifier les fleurs et herbes comestibles sur une assiette, tenir de côté. Laver la betterave, la couper très finement à la mandoline.

6. Répartir tous les légumes, fleurs et herbes sur une grande assiette, ajouter les fèves et des cubes de gelée balsamique un peu partout, donner un tour de moulin à poivre et mettre un beau trait d'huile d'olive.

Vin conseillé : Muscat d'Alsace, Domaine Paul Humbrecht à Pfaffenheim.

Nos hôpitaux sont presque tous en état de faillite pour plusieurs millions d'euros, ah bon ?

Mais non, ils sont soutenus par l'INAMI (L'Institut national d'assurance maladie-invalidité, c'est une institution publique fédérale de sécurité sociale, placée sous la tutelle et l'autorité du ministre des Affaires sociales).

Donc avec notre argent que l'on verse à nos mutuelles et via nos impôts annuels. Dites-moi si j'ai bien compris ? Oui, vous avez bien compris, sauf que… Je m'arrête là !

Extraits du livre de Jacques Puisais en 1999, « Le goût chez l'enfant, l'apprentissage en famille ».

Avec l'aimable autorisation d'Édition Flammarion à Paris.

La construction du goût

Qu'est-ce que le goût ? Goût de ou goût pour ? Ce n'est pas la même chose, évidemment. Laissons pour l'instant le « goût pour » (l'appétence), et examinons un peu le « goût de » (la saveur) des aliments. Notion complexe !

Deux partenaires, étroitement solidaires, se donnent la réplique, sans qu'il soit possible au profane de savoir qui tient le premier rôle. La langue ou le nez ? Sans tomber dans les querelles d'experts, on peut affirmer que le goût est un mélange

« polysensoriel ». Entrent en jeu bien sûr les sensations olfactives et gustatives, mais aussi les sensations thermiques, visuelles et même auditives... (le craquant d'un biscuit, par exemple). N'oublions pas les informations qui renseignent sur la texture des aliments, leur caractère lisse ou grumeleux, etc.

Ce que l'on appelle savamment les perceptions « stéréognosiques » (concernant le volume et la forme). Pour comprendre comment tout notre corps réagit lorsque nous lui présentons de la nourriture, il va falloir faire un peu de biologie. Et écouter plusieurs spécialistes qui ont longuement étudié ces phénomènes. Le goût pour le neurophysiologiste Patrick Mac Leod. « Quatre-vingt-quinze pour cent d'olfaction et cinq pour cent de gustation. La masse principale d'informations entre dans le cerveau par voie nasale. »

Nous goûtons tout d'abord avec le nez... puis avec la langue

Pas besoin d'être savant en effet pour observer ce qui nous arrive lorsque nous sommes enrhumés : privés d'odorat, nous ne percevons plus que la saveur des mets et des boissons. Nous avons l'impression qu'ils n'ont plus de « goût » et il nous arrive de trouver par exemple que le vin ressemble étrangement à du vinaigre...

Qu'arrive-t-il, au moment de l'olfaction ? Celle-ci s'effectue de deux manières ; soit par les narines, soit par les voies rétro-nasales ou narines postérieures, dites « choanes ». Par ces choanes, le trajet des « vapeurs » dans la bouche ne rencontre aucun obstacle, contrairement à ce qui se passe avec l'aspiration nasale qui, elle, bute sur les « cornets », petites lames osseuses situées à l'intérieur du nez. On sait que les œnologues ont l'habitude de remuer leur langue pendant la dégustation du vin : le but est de faire entrer un maximum d'air pendant cette opération pour bien dégager tous les arômes. Ces arômes sont mieux perçus grâce à une nette aération du liquide. Ces observations renforcent la thèse de Mac Leod qui met l'accent sur l'odorat. Où va l'information olfactive ? Vers le bulbe olfactif, situé près de l'arrière-nez, à l'avant du cerveau, dans la zone du cortex cérébral.

Maintenant, comment s'effectue la gustation ? Grâce aux bourgeons du goût situés surtout sur la langue chez l'adulte, mais aussi, chez le nouveau-né, à l'intérieur de la paroi buccale. Ces bourgeons qui, il faut le savoir, se renouvellent tous les huit jours (environ), permettront de « sentir » la saveur (sucré, amère, etc.) de l'aliment. D'autres terminaisons nerveuses dans la bouche et la langue permettent de percevoir des données comme la température, la texture de cet aliment. L'information captée par les bourgeons gustatifs est traitée et filtrée d'abord au niveau du bulbe rachidien, avant d'être envoyée vers le cortex cérébral. C'est à ce moment seulement qu'elle est perçue.

En fait, nous ne savons pas très bien ce que nous ressentons lorsque nous croyons « goûter » des huîtres ou du foie gras, car les informations olfactives et gustatives se mélangent dans notre cerveau, qui contient des cellules répondant aussi bien à ces deux types de sollicitation. Un mets nous touche, nous séduit par un complexe de sensations (odeur et saveur mêlées) que les spécialistes appellent « flaveur ».

Reconnaître les saveurs

Alors ces fameuses saveurs ? Par commodité, et par manque d'études plus affinées, il est habituel depuis le XIXe siècle de distinguer quatre saveurs dites de base : salée, sucrée, amère et acide. Classification contestée par des scientifiques comme Patrick Mac Leod ou Annick Faurion. Celui-ci fait remarquer qu'au Japon, par exemple, la saveur « Umami » (saveur du glutamate) n'appartient à aucune de ces catégories. Leurs expériences montrent que l'ensemble des saveurs forment au contraire une sorte de « continuum » d'une infinie variété, comme un arc-en-ciel, avec toutefois l'existence de « familles » regroupant les saveurs sucrées, salées, etc. On passe donc de la saveur sucrée à la saveur amère par toute une gamme de nuances, exactement comme l'on passe du violet au rouge dans l'arc-en-ciel. D'ailleurs, on le voit bien dans la vie quotidienne. Lorsqu'on fait référence aux saveurs, c'est très souvent pour signaler leur excès : « Ce plat est trop salé », ou bien, « ce gâteau est trop sucré ». Les qualificatifs trop, ou pas assez, sont employés par rapport à certaines références sensorielles essentiellement arbitraires.

Une chose est de reconnaître une saveur, une autre est d'être sensible à une certaine intensité de perception. Un exemple ? Une très large majorité de gens classeront le saccharose ou le fructose dans les saveurs sucrées. Mais il aura fallu mettre des concentrations différentes de ces produits selon les individus (elles peuvent varier de 1 à 100) afin qu'ils arrivent à reconnaître la saveur sucrée. Pour détecter l'amertume de la quinine, l'écart peut aller de 1 à 500 ! Les variations de perception d'une personne à l'autre sont donc énormes, et ce tout à fait normalement, en l'absence de toute pathologie.

Les experts considèrent qu'il existe plusieurs formes de seuils gustatifs : un seuil « absolu » (celui à partir duquel une personne reconnaît par rapport à l'eau pure l'existence d'une saveur) ou encore seuil de détection, un seuil de « reconnaissance » (celui à partir duquel on perçoit non seulement qu'il y a une saveur, mais on arrive aussi à l'identifier à salé, sucré, fraise ou vanille) et un seuil de « préférabilité » (celui qui indique pour la personne la concentration jugée comme la plus agréable pour une saveur donnée). Ces seuils peuvent changer selon l'âge du sujet, son état de santé, etc. Ils peuvent aussi être améliorés. D'où l'importance de l'apprentissage chez le petit enfant, puis l'adolescent.

Des goûts et des couleurs

Agréable, désagréable... Nous voici au cœur du problème ! Le goût est une affaire à la fois culturelle et affective.

« Des goûts et des couleurs ». Maintenant que nous connaissons un peu le mécanisme de nos perceptions dans notre cerveau, reste la question centrale du goût : pourquoi aimera-t-on la charcuterie plus que les gâteaux (ou inversement), pourquoi préférera-t-on les carottes aux épinards, le comté au camembert, etc. ? Question complexe de l'inné et de l'acquis.

Au stade actuel de nos connaissances, seuls semblent totalement innés la préférence pour la saveur sucrée et le rejet de l'amertume. On peut déjà parler d'une « appétence » pour le sucré au niveau de l'amibe. Le fœtus humain y est sensible dès le quatrième mois de sa vie intra-utérine puisqu'il a le réflexe de téter lorsque l'on injecte du glucose dans le liquide amniotique. En revanche, lorsqu'il urine, modifiant ainsi la composition du liquide qui l'environne, il cesse d'avaler pendant un certain temps. Le grand spécialiste chez le nouveau-né et le petit enfant, le professeur Matty Chiva, s'est penché sur le « réflexe gusto-facial » du bébé, mimique que connaissent toutes les mères. Le nourrisson, comme le fœtus, indique clairement sa préférence pour le sucre, « ce signal inné de calories », comme dit le neurophysiologiste Le Magnen. Par quels moyens ? Si on lui présente un liquide sucré, on observe sur son visage une rétraction des angles de la bouche que son entourage interprète comme un sourire de satisfaction... Cette interprétation est renforcée par le fait qu'il fait aussitôt suivre cette mimique d'une forte succion. « Il s'agit là d'un réflexe de survie », affirment les spécialistes. Des observations identiques ont été effectuées sur le rat et d'autres mammifères. Au contraire, les saveurs acides provoquent une véritable répulsion, puisque le nourrisson pince les lèvres, plisse son nez et cligne des paupières. Pour le sel, la question est plus complexe. Il existe, paraît-il, certains bébés « salés » qui expriment un attrait précoce pour le sel... Mais la réaction la plus nettement interprétée comme étant de rejet est celle provoquée par la saveur amère.

Alertée par ces mimiques, la mère leur donnera une signification : bon, pas bon. Elle aura tendance à reproduire l'expression de son propre enfant dans ses échanges avec lui. Processus important. De son côté, elle sera poussée à sa demande de sucré pour lire de nouveau sur son visage la mimique de plaisir... Le nourrisson quant à lui « interprétera » le sourire de plaisir de sa mère (qu'elle ne fait que recopier sur lui) comme une promesse de bonheur. Promesse sécurisante.

L'inné et l'acquis, de l'influence de l'image maternelle

Mais alors, nous direz-vous, comment les choses ont-elles commencé ? Les scientifiques eux-mêmes ne savent pas tout, Dieu merci ! Laissons sa part de mystère de nos origines.

On constate en tout cas que pour cette mère, être adulte, influence aussi son bébé par ses propres goûts. Goûts qu'elle exprime inconsciemment dans ses relations avec lui. Ils vont, bien entendu, façonner la personnalité sensorielle et psychologique de l'enfant, qui s'identifie à elle jusqu'à deux ans. D'elle, ou de la personne qui la remplace, dépendent en effet toutes les occasions de rencontre avec les aliments. Lourde est donc sa responsabilité dans la formation de son goût puisqu'elle sera son premier modèle. Il suffit souvent que la mère ou la nourrice n'aime pas les épinards par exemple pour que l'enfant les déteste. Simplement parce qu'il n'a pas pu lire dans les yeux de sa pourvoyeuse la mimique annonçant « bon ». Rien à voir dans ce cas avec un dégoût « inné ». Aussi, méfiance, lorsqu'il s'agit d'expliquer les préférences, ou au contraire les refus alimentaires par la seule génétique. Bien malin qui peut discerner l'inné de l'acquis dans la personnalité sensorielle d'un individu ! D'ailleurs, les scientifiques ne s'y risquent pas. En revanche, ils s'accordent à souligner l'aspect affectif du goût et le rôle puissant de l'éducation, dans son sens le plus large. Nos goûts sont profondément modelés par notre entourage. Et d'abord par la civilisation dans laquelle nous baignons. Pour un Indien, un beefsteak n'est pas un aliment. De la même manière, une côte de porc ne sera pas appréciée par un musulman ou par un juif. Dès la naissance, le goût est donc déterminé par une série de règles qui vont conditionner le caractère agréable ou désagréable de ce que nous mangeons. Matty Chiva distingue deux types d'influences : celle des parents, pour commencer ; celle de « pairs » (camarades d'école, copains, collègues) par la suite. « Dis-moi ce que tu manges et je te dirai qui tu es… » Selon ce psychologue, le comportement alimentaire peut avoir une double signification : « À la maison, il est utilisé pour se différencier. À la cantine, au contraire, on mange la même chose que les copains pour s'intégrer au groupe. » D'où quelquefois des surprises, chez les parents, qui ne comprennent pas bien pourquoi subitement leur enfant se met à détester certains mets, et à en adorer d'autres, parfois presque du jour au lendemain !

L'explication de ces retournements du goût chez l'enfant est pourtant relativement simple. Ils obéissent à des normes apparemment irrationnelles, mais qui, en réalité, suivent de près le processus de développement et de socialisation d'une personnalité. Ce développement fait des bonds. Parfois, on croit au contraire assister à de véritables retours en arrière. Inutile de s'en étonner. Il suffit de les accepter et de savoir attendre. Tant il est vrai que rien n'est jamais acquis… au futur gastronome.

Je pourrai continuer à écrire tous les paragraphes de ce fantastique ouvrage sur le goût chez l'enfant édité en 1987 pour la première fois.

Je vous conseille donc de vous munir de ce livre **« LE GOÛT CHEZ L'ENFANT, l'apprentissage en famille »**.

Il a été réédité en septembre 1999 par Flammarion ISBN : 2.08.202531-4

Numéro d'édition : FT2531.02

Mes visites dans les écoles maternelles et primaires

S'il y a une chose qui m'était chère et qui me manquait profondément par faute de temps vu mes activités professionnelles, c'était de rendre visite aux petits enfants dans les écoles.

Mais fois de Renard, dès que je devins retraité, je m'y suis rendu. Même mieux, j'invitais les enfants à visiter mon potager en carré et en culture naturelle, suivi d'un atelier culinaire approprié !

Je suis convaincu qu'entre 4 et 8 ans un enfant est apte à retenir le bon du mauvais et qu'il est vraiment profitable de lui faire manger de bonnes choses. C'est l'occasion unique de sa vie d'enregistrer olfactivement tout ce qu'il voit, ce qu'il boit et tout ce qu'il mange.

Faites l'exercice suivant : isolez-vous dans une pièce sombre et silencieuse comme pour méditer ou pour vous relaxer, dans un fauteuil et les bras ballants. Pensez le plus profondément possible à un souvenir gustatif qui vous a marqué dans votre petite enfance. Une odeur de cuisine chez vos grands-parents, un plat typiquement épicé que cuisinaient vos parents, voire même l'odeur de la crème à la vanille naturelle servie à la cantine. Après quelques minutes, il est possible que, comme moi, lors de cette première expérience en 1999, vous ayez les larmes aux yeux !

En me rappelant le riz au lait de brebis parfumé au bâton de cannelle préparé par ma Mamy Mathilde. J'avais 5 ans.

Nous voici en 2024 et je compte bien avoir les premières visites de l'école située à 500 mètres de chez moi pour enfin reprendre cette activité d'éducation aux enfants. De nos jours, cela devient indispensable tant les petits bouts sont matraqués par la publicité mensongère dès qu'ils regardent un dessin animé ou qu'ils vont sur Netclic avec la bienveillance de leurs parents !

Une de mes prestations a été filmée par une merveilleuse équipe télévisée de la RTBF pour l'émission **« Quel temps pour la planète »** diffusée le vendredi 26 janvier 2024 vers 12 h 50 juste avant le JT. Voir et revoir sur le site RTBF-AUVIO.

Déroulement d'une matinée… en général le mercredi matin

1. Arrivée vers 8 h pour faire connaissance avec l'enseignant(e).

2. Disposition des chaises en arc de cercle autour de la table qui me servira pour la prestation.

3. Affichage sur le tableau de la classe de la photo d'une langue pour qu'elle soit visible aux enfants. Sur cette langue sont indiqués les quatre points où les papilles gustatives perçoivent le sucré, le salé, l'amer et l'acide.

4. Disposition sur la table de tous les éléments nécessaires à la dégustation, ainsi que ma boîte à outils contenant du petit matériel de cuisine et ma tenue de cuisinier.

5. Accueil des enfants qui sont prévenus depuis quelques jours de ma venue et pour laquelle l'enseignant a débattu de différents sujets sur l'alimentation et la nature.

6. Ils s'asseyent et je me présente par mon prénom en disant que je suis cuisinier tout en enfilant ma veste de cuisine, j'en profite pour poser la question de savoir pourquoi les cuisiniers tout comme les boulangers ou les bouchers sont souvent habillés en blanc.

7. Cela crée un dialogue souvent amusant pour conclure que les métiers de bouche sont des métiers où la propreté est impérative, d'où le côté immaculé de mes vêtements.

8. Lorsque je fixe mon essuie de cuisine à ma ceinture, je me dirige vers un point d'eau pour rappeler qu'il est indispensable de se laver les mains avant de cuisiner ou de manger.

9. J'explique en deux mots que j'ai cuisiné durant toute ma carrière en 50 années et que si je suis là ce matin, c'est pour vous amuser à découvrir des odeurs et des sensations agréables avec des fruits, des légumes et autres condiments. Et de rappeler que les restaurateurs ont oublié que les enfants d'aujourd'hui sont leurs clients de demain…

10. Je secoue ma boîte à outils pour attirer leur attention et je l'ouvre progressivement pour en sortir une pièce à la fois que je leur demande de nommer, un fouet, une spatule, un couteau, une grande fourchette, une pince à glace, un tire-bouchon et j'en passe…

11. Je fais goûter 4 eaux distinctes – sucrée, salée, acide et amère – que je leur demande d'aller positionner sur la langue fixée au tableau et ils se trompent rarement.

12. J'explique le fonctionnement des papilles gustatives de la langue qui fonctionnent exactement comme les touches du clavier d'un ordinateur qui imprime sur l'écran, alors que la langue communique la sensation reçue directement au cerveau.

13. Suivent alors le sentir, le toucher, le goûter et la dégustation de différents produits avec les yeux bandés. La farine, le sucre, la semoule de blé, la pâte à tartiner, le miel, le sirop artisanal de pommes et de poires, etc.

14. Première dégustation, le temps de tiédir le potage, je montre une carotte avec sa fane verte et demande pourquoi la carotte a une couleur orange et une couleur verte, ça ouvre le débat sur la partie du légume qui se trouve dans le sol et celle qui se trouve à l'extérieur, la couleur donnée par la photosynthèse et le soleil, etc. Je coupe la carotte en deux et la fais sentir à tous les enfants pour qu'ils la regardent et s'imprègnent de son odeur, même chose avec le cumin en grains en expliquant son origine. Chaque enfant reçoit un peu de potage dans un petit gobelet et alors arrive la grande explication de la technique de dégustation que nous allons répéter tout au long de la prestation. Observation de la couleur du potage qui a effectivement bien la couleur orange de la carotte. Seconde phase, humer le potage pour y retrouver l'odeur de la carotte crue et celle du cumin déjà senti précédemment. On passe à la dégustation en faisant voyager le potage dans la bouche tout comme on le fait chaque fois qu'on se rince la bouche après le lavage des dents (c'est l'occasion de rappeler l'obligation de se laver les dents au moins deux fois par jour…) sans cracher évidemment ! Je montre l'exemple d'abord en dégustant devant les enfants en leur demandant de faire voyager le potage durant 5 secondes avant d'avaler et ensuite nous le faisons ensemble, ça les amuse toujours.

15. Seconde dégustation : la marmelade de pommes et de poires. Je montre la pomme avec l'explication de l'origine de la pomme, en parlant du pommier, de la saison de la pomme et ensuite ils sentent chacun une pomme, même chose avec le bâton de cannelle, son origine et des questions sur les autres préparations connues dans lesquelles on utilise la cannelle.

16. Troisième dégustation : la mousse au chocolat. Je montre une tablette de chocolat noir et lorsque je demande la couleur du chocolat, ils répondent tous spontanément : « noir ». Tout comme lorsque je leur fais sentir ce chocolat, ils disent que ça sent le cacao, cela me permet d'enchaîner sur l'origine de la fève de cacao d'Afrique ou d'Amérique du Sud. Comme je fais ma mousse avec l'ajout de très peu de sucre, on joue à une devinette pour déterminer ensemble la composition de cette mousse qui ne contient que du chocolat 70 % de cacao, du blanc d'œuf en neige et de la crème fouettée.

17. On fait ensemble un récapitulatif de tout ce qu'on a vu, senti et goûté ce matin avec un rappel des compositions de chaque préparation.

18. J'en profite s'il me reste un peu de temps pour instaurer un mini-débat sur ceux qui ont ou n'ont pas pris de petit-déjeuner ce matin avant de venir à l'école, pourquoi il est important de manger à certaines heures et de ne pas grignoter n'importe quoi en collation.

19. Je remercie les enfants pour leur bonne conduite et leur bonne attention, je remets à l'enseignant une copie des trois recettes dégustées pour qu'elle en fasse des copies pour un travail collectif quelques jours plus tard en demandant aux enfants de dessiner une carotte, une pomme, un poireau, un bâton de cannelle et une tablette de chocolat à côté de la recette.

20. Le but est double, comme il est certain que l'enfant rentrera à la maison avec son dessin, il influencera les parents à faire ces recettes en famille. Il dirigera ses parents vers certains fruits et légumes dont nous avons parlé quand ils feront les courses ensemble parce que le « cuisinier » l'a dit…

À titre d'exemple, voici trois dégustations de saison proposées en automne aux enfants dans les écoles :

Le potage carotte, panais et cumin

Proportions pour quelques litres de plaisir :
– 1 kg de carottes
– 2 gros oignons
– 2 gros panais
– 2 blancs de poireau
– 40 gr de beurre ou d'huile d'olive
– 3 litres d'eau
– Sel et poivre
– 1 c à s de cumin en poudre

1. Peler et couper tous les légumes en cubes de 2 cm de côté, bien les laver et les faire suer dans une casserole avec le beurre préalablement fondu ou l'huile et cela durant 5 minutes avec le couvercle sur la casserole.
2. Ajouter l'eau et laisser cuire lentement durant 20 minutes maximum.
3. Ajouter le cumin, sel et poivre et passer au mixer pour obtenir un potage finement passé et homogène, rectifier l'assaisonnement, donner de nouveau un bouillon, écumer si nécessaire et servir de suite.

La marmelade pomme et poire à la cannelle

Pour une collation très agréable et rafraîchissante :
– 1 kg de pommes type Elstar
– 1 kg de poires Type Doyenné
– 1 bâton de cannelle
– Un filet d'eau

1. Bien laver les pommes et les poires, les couper en quatre, ôter les pépins et les couper en petits morceaux avec la peau dans une casserole à fond épais.

2. Mettre la casserole sur feu doux, ajouter la cannelle, un petit filet d'eau, laisser frémir à couvert jusqu'à l'obtention d'une marmelade tout en mélangeant régulièrement, si nécessaire ajouter un peu d'eau pour éviter que la préparation n'adhère au fond de la casserole.

3. Retirer du feu, laisser refroidir à découvert tout en laissant infuser la cannelle un maximum de temps. Se déguste chaud ou froid.

La mousse au chocolat très noir à 83 % de cacao

Pour un dessert à peine sucré…
– 4 blancs d'œufs
– 10 g de sucre fin de canne
– 60 g de crème fraîche à 35 %
– 100 g de chocolat très noir à 83 % de cacao

1. Fondre le chocolat coupé en petits morceaux avec la crème au bain-marie ou directement sur une taque à induction sur la position n° 1.

2. Fouetter les blancs d'œufs avec le sucre fin pour bien les meringuer, verser le chocolat presque refroidi sur les œufs en neige et mélanger à la spatule souple en soulevant la masse, mettre en raviers individuels et placer au frais rapidement.

Astuces

Le chocolat très noir est plus goûteux

La préparation à base de blancs d'œufs est moins grasse

Il est préférable de réaliser cette recette la veille du service afin de la laisser refroidir et durcir au frais

Buvez du lait les enfants, oui, mais du cru…

Issu du côté maternel d'une famille d'agriculteurs et d'éleveurs, j'ai la faculté de comprendre ce milieu que l'on a guidé vers la production intensive pour atteindre un rendement souvent excessif au détriment d'une qualité naturelle d'un produit de base de notre alimentation.

Comment expliquer à un agriculteur conventionnel qu'il va droit dans le mur, que la somme monstrueuse qu'il a empruntée sur dix ou vingt ans dans le but de faciliter sa tâche quotidienne est un cercle vicieux qui fait les choux gras des multinationales qui le tiennent par les roubignoles !

Pour avoir travaillé durant mes vacances scolaires chez mon parrain lors des moissons et autres arrachages de betteraves sucrières, j'ai en mémoire le stockage de graines de froment ou d'orge dans le fenil situé au-dessus des étables qui, bien séchées, servaient la saison suivante à la plantation et à la naissance du nouveau blé.

Qu'en est-il de nos jours ? Pour une bonne manipulation et la facilité du travail de l'agriculteur, la graine est **« enrobée »** et dorénavant fournie par une grosse multinationale qui selon toute logique aura traité cette graine contre plein de choses. Cette même société fournira le mode d'emploi et tous les produits chimiques qui sont indispensables pour notre santé !

Et que dire de la vache laitière de race Holstein qui au départ est une belle vache avec un pis et des mamelles normales ? Pour des raisons de rendement, le veau est retiré à sa mère dès sa naissance et comme sa vache de mère, il gueule du matin au soir jusqu'à ce qu'il en ait marre… Et lorsque je vois, ces vaches souvent sont très sales, sauf celles qu'on montre à la télévision ou aux touristes, qui traversent la route pour aller de la prairie (500 m2 pour 200 vaches !) à la ferme pour la traite, je n'ai surtout pas envie de boire ce lait-là !

Mais voilà, c'est devenu la norme et tous ces laits sont transportés en camion et mélangés à la laiterie pour en faire les produits laitiers qui inondent les grandes surfaces, tout cela avec des obligations de production imposées par l'Europe. Quand certains disent qu'ils vont droit dans le mur, il n'y a qu'à être observateur pour comprendre la réalité.

Glace au lacquemant et à son chocolat très craquant

– 250 g de lait cru de vache
– ½ bâton de cannelle
– 70 g de sirop de lacquemant ou de sirop d'érable
– 3 jaunes d'œufs
– 2 lacquemants légèrement surgelés (5 minutes)
– 100 g de chocolat noir à 70 % de cacao
– 4 feuilles de menthe fraîche

1. Pour la crème anglaise qui est la base de la glace, préparer de l'eau bien froide dans un évier.

2. Dans une casserole, porter le lait avec la cannelle à ébullition et retirer du feu.

3. Faire un ruban avec les jaunes d'œufs et le sirop de lacquemant (fouetter énergiquement 5 minutes), verser le ruban dans le lait chaud hors du feu en fouettant, et remettre sur feu très doux en cuisant à la spatule, ne pas dépasser 90 °C pour éviter la coagulation des œufs.

4. Mettre la casserole dans l'évier d'eau froide pour arrêter la cuisson très rapidement. Tourner en sorbetière après refroidissement complet.

5. Couper les lacquemants en cubes de 3 à 4 mm, laisser à température ambiante et dès que la glace sortira de la sorbetière, mélanger ces petits morceaux avec la glace dans le récipient prévu et remettre rapidement au congélateur.

6. Fondre le chocolat pur au bain-marie, l'étaler finement avec une spatule en inox sur un papier ou un tapis de cuisson lisse et mettre au frigo pour qu'il devienne bien croquant.

7. Au moment de servir, poser des quenelles de glace dans une coupe ou une assiette bien froide avec un lacquemant sur le fond, garnir celle-ci avec une feuille de menthe, poser un grand morceau de chocolat bien craquant et servir de suite.

8.

Paysan, où vas-tu ?

Le principe même de l'agriculture et de l'élevage n'est-il pas de donner vie et fierté à son labeur en restant digne, maître de son sort et non dépendant d'hommes d'affaires qui n'en ont rien à foutre de sa personnalité et de sa petite famille !

Revenons-en à la manipulation exceptionnelle médiatique, voire officielle par les instances publiques dans les domaines de la santé et de l'éducation nationale concernant la consommation du lait et de ses dérivés.

Je déteste cracher dans la soupe, alors j'affirme haut et fort que j'adore un fromage à pâte fleurie au lait cru, un bon yaourt nature non dégraissé (je rappelle qu'un vrai yaourt nature ne contient que 3,5 % maximum de matière grasse !) accompagné de bonnes fraises de mon potager en juin. D'une tartine de pain au levain légèrement grillée avec de la « maquée au lait cru » et des radis croquants. D'une tasse de lait cru glacée sortant du réfrigérateur après avoir croqué un excellent chocolat noir, d'un riz à la vanille naturelle cuit au lait cru fermier, etc.

Mes expériences de la vie en général, ainsi que professionnelles, tentent à démontrer que l'excès nuit en tout, je n'ai rien inventé, tout le monde sait cela.

Pourquoi faut-il que les deux ou trois groupes qui dirigent le monde des produits laitiers industriels nous mitraillent de leurs spots publicitaires à longueur de journée, voire de nuit (des fois qu'on les oublierait) quand on sait le prix de la pub à la seconde en radio ou en télé ?

À mon avis, le jeu en vaut la chandelle ou, en tout cas, son pesant d'or, car au plus loin que je me souvienne, cela date de 1960 à l'école maternelle.

On nous imposait la petite bouteille de lait ou de lait cacaoté en guise de collation à la récréation. Vous me direz que c'est mieux que ce qu'on voit maintenant dans certaines écoles où les chips et autres sucreries abominables sont autorisées dans les cartables…

Des professionnels de la santé, totalement indépendants et non influencés par un double mandat d'élu du peuple et d'administrateur d'une société privée (comme très souvent dans l'agroalimentaire), ont démontré suite à plusieurs expériences médicales ou à leurs nombreuses consultations qu'une surconsommation de lait et de ses dérivés n'est pas du tout indispensable dans notre alimentation quotidienne, sauf si le lait est cru !

Or c'est le matraquage systématique et on ne se gêne pas pour affirmer que le calcium du lait est vital pour une parfaite constitution osseuse, qu'un être humain normalement alimenté doit impérativement ingurgiter 3 laitages par jour.

Sur les vingt dernières années, les rayons crèmerie des grandes surfaces ont doublé sinon triplé, tant le choix est maintenant varié, de toutes les couleurs possibles et inimaginables.

Beaucoup de médecins conseillent à leurs patients souffrant de maladies chroniques ou d'allergies de supprimer les produits laitiers et ça marche, d'autres grands professeurs spécialisés démontrent que certains cancers ont la vie facilitée grâce aux produits à base de lait. Alors, qui croire, me direz-vous ? À mon avis, c'est une question de la qualité du lait, lisez plutôt !

Comme c'est écrit dans le livre **« Le lait, cet élixir assassiné »,** de **Gustave Wuidart,** agriculteur retraité, mais combien expérimenté en la matière. *« Ce ne sont pas les consommateurs qui sont devenus intolérants au lait. C'est le lait actuel qui est devenu intolérable pour l'estomac de l'être humain ! »*

Imprimé par Agora Média scrl Place du Congrès, 16 à 4020 LIÈGE 04/341 15 40

Voici la quatrième page de couverture de ce livre :

Le lait de vache serait du poison pour l'être humain ! Il est juste bon pour les veaux ! C'est une véritable vacherie ! Tel est l'avis de nombreux médecins, pédiatres et autres diététiciens. Pour nos ancêtres, le lait était un remède. Boire du lait était gage de force et de santé. Combien d'enfants n'ont-ils pas été élevés, voire sauvés, exclusivement au lait de vache, et ce, pour leur plus grand bien ? Et si, paradoxalement, les anciens et les médecins avaient raison dans leurs contradictions ? Et si le lait problématique d'aujourd'hui n'avait plus rien à voir avec le lait remède d'autrefois ? Pourtant, les normes actuelles n'ont jamais été aussi strictes et aussi nombreuses. Bizarrement cependant, pour les laiteries industrielles, à partir des années 2000, « hormis le colostrum, il ne fallait plus donner le lait des vaches à leurs veaux, car il n'était plus adapté à leur santé ».

(Le colostrum, le premier lait que vous produisez lorsque vous démarrez l'allaitement, constitue la nourriture idéale pour un nouveau-né. Il est très concentré, riche en protéines et nutriments et, par conséquent, très bon pour le minuscule estomac de votre bébé.)

Si le lait de sa mère n'est plus bon pour le veau, pourquoi ne pourrait-il ne pas être problématique pour l'homme ? Comment en est-on arrivé là ? Et pourquoi en 50 ans, le lait de vache s'est transformé de remède en soucis sanitaire ? Par son livre sur la qualité assassinée, l'auteur, qui fut producteur laitier pendant 51 ans, qui a vécu et souffert des normes dites de qualité, nous dévoile le dessous des cartes. Il nous révèle des scandales liés au profit des agropoles sanitaires. Savez-vous que certaines normes, si elles sont dépassées, déclarent le lait impropre à la consommation humaine alors qu'elles n'ont jamais été testées ? Même pas sur des rats ! Elles nous privent du lait le plus profitable à notre santé, simplement pour des procédés industriels qui maintenant sont devenus la norme, vraiment n'importe quoi. Les révélations de ce livre ne laisseront personne indifférent, puissent-elles influencer les décideurs techniques et politiques à plus de cohérence dans leur définition de la réglementation concernant la santé par l'aliment. En commençant par le bébé et le petit enfant !

Mais exactement comme dans le sport de haut niveau, il n'y a plus que le fric qui compte, et le reste, ils s'en foutent tant qu'ils se remplissent les poches à notre détriment...

Au départ, et bien avant que l'homme ne décide de rentabiliser tout ce qu'il trouve sur son chemin, tous les bébés buvaient le lait maternel et après le sevrage, ils ont mangé tout ce que la nature leur proposait, même du bon lait cru de vache. D'après les écrits de nos lointains ancêtres, les hommes avaient bonne mine tant musculairement qu'au niveau de leur ossature. Il y eut bien sûr d'autres maladies et des épidémies très graves, mais qui n'ont rien à voir avec la nourriture saine de l'époque.

Savez-vous qu'au départ, en Chine, au Japon et en Afrique, les gens ne buvaient pas de lait et ne mangeaient que très rarement des produits laitiers ? Attention, ça ne va pas durer, car depuis plusieurs années, un grand groupe français inonde le marché asiatique de ses produits laitiers alors que dans ces pays, il y avait très peu de gens atteints d'ostéoporose et autres maladies qui remplissent nos hôpitaux occidentaux.

Et ce fameux calcium indispensable à notre survie comme stipulé sur tous les emballages de produits laitiers en grosses lettres. Comme la mode veut que les valeurs nutritionnelles soient indiquées sous forme de tableau, on pousse maintenant le bouchon jusqu'à inscrire en plus des protéines, des glucides, des lipides et des autres valeurs énergétiques, une ligne spécifique pour le calcium, rien que pour lui tout seul !

« Naturellement riche en calcium (avec chiffres à l'appui) et 100 gr de ce fromage couvrent 56 % des Apports Journaliers Recommandés en calcium. » Recommandé par qui ? À vous de deviner…

L'eau par exemple contient suffisamment de calcium pour pallier une bonne partie de nos besoins journaliers, et en buvant 1,5 litre d'eau par jour, c'est déjà ça de pris.

Pour en terminer avec la vache et le taureau, je citerai une réflexion d'un ami agriculteur bio liégeois qui me disait :

« En Belgique, on aime la démesure et les oppositions extrêmes. Regarde les vaches laitières (type Holstein), on dirait des squelettes avec la peau sur les os, mais avec des mamelles d'éléphant qui pendent sur le sol. Observe bien les vaches et les taureaux dans les prairies, on dirait des mammouths qui, vu la grosseur artificielle de leur postérieur, ne peuvent venir au monde que via une césarienne obligatoire à chaque mise-bas ! »

Pour conclure ce chapitre sur le lait et l'agriculture en général, je ne peux m'empêcher de donner mon avis de cuisinier et de jeune retraité qui aime parler sans langue de bois et encore moins en étant soudoyé par qui que ce soit !

En septembre 2009, je vois au JT que certains agriculteurs, producteurs de lait, déversent des milliers de litres de lait dans les champs du Condroz près de chez moi !

Habituellement, avec ce genre de citerne d'épandage, c'est du lisier qu'ils répandent en prairie ou aux champs. Ils ont donc considéré que leur lait était de la merde. Finalement, après ce que je viens d'écrire sur le lait, ils n'avaient pas tout à fait tort. Sauf que sur notre Terre et même dans notre propre pays, il y a des gens qui ne savent pas se nourrir par faute de moyens.

Tout est dit. Près de 15 ans plus tard, rien n'a changé, la preuve, ces derniers jours de fin janvier et début février 2024, nos agriculteurs ont manifesté à juste titre pour toutes les raisons expliquées en long et en large par eux-mêmes via nos chers médias…

Je n'y ai pas vu beaucoup de maraîchers ni d'agriculteurs bio, locaux et vraiment durables pour expliquer aux gens que dans leur ferme, ils s'y sentent bien, ils vivent raisonnablement bien, ils travaillent aussi dur que dans le conventionnel et surtout, ils ont une vie très saine.

Alors que certains agriculteurs ont beuglé que sans eux, nous allions mourir de faim, que la qualité de leur production était saine et que c'est grâce à leur travail que nous mangeons qualitativement…

Je ne vais pas me faire des amis en relatant ce qui suit, mais ça m'est complètement égal. Et je le répète à tout va, tous les agriculteurs ne sont pas à mettre dans le même panier. Mais je ne suis pas certain que ceux que je cite maintenant en exemple puissent se regarder chaque matin dans leur miroir et se dire avant de commencer leur travail : « Là, je vais faire une longue et belle journée positive, bonne, propre et juste pour les consommateurs » ! Qu'elle soit laitière, viandeuse ou maraîchère.

Pourquoi écrire cela ?

Parce que tout au long de ma vie et de ma carrière de cuisinier, voici ce que j'ai vu et que je vois encore aujourd'hui même si l'évolution du métier d'agriculteur a très bien évolué :

1. À l'âge de 12 ans, je comprends que les fioles et les seringues qui sont planquées dans le frigo ménager chez mes oncles ne contiennent pas de l'eau…
2. À la même époque, sur les bidons stockés dans le garage aux tracteurs, il y avait une grosse tête de mort avec une croix noire par-dessus…
3. Mes cousins mettaient un masque imposant lorsqu'ils pulvérisaient leurs champs et qu'il n'y avait pas de cabine sur leur tracteur…
4. Pourquoi le vétérinaire et la fermière ou le fermier se relevaient-ils les nuits pour faire une césarienne à chaque fois qu'une vache mettait bas ? Peut-être parce que le postérieur du veau était trop gros pour sortir par les voies naturelles ? Ah bon, il y a des ingénieurs agronomes qui ont créé une race hors normes ? Et quand ?
5. Il faut remonter au début du XXe siècle pour assister aux premières initiatives de sélection tendant à faire émerger un type mixte à partir d'une population assez hétérogène de bovins du type laitier ayant reçu, au cours de la seconde moitié du XIXe siècle, des infusions de sang Shortorn, race très en vogue à cette époque.
6. Lorsqu'éclata la Première Guerre mondiale, tout fut remis en question. Il fallut attendre l'année 1919 pour qu'une véritable charte de la sélection bovine soit promulguée par les pouvoirs publics.

7. Le travail de sélection reprit alors, l'objectif était clair : un bétail « à deux fins », rectangulaire, chez lequel se trouvent réunis un bon format, une musculature moyenne et une bonne production laitière (4 000 litres à 3,5 %).

8. La période 1950-1960 sera une période de transition où apparaissent déjà les signes annonciateurs d'une nouvelle orientation.

9. Mais le tournant décisif fut pris entre 1960-1970.

10. Chez les taureaux tout d'abord, chez les femelles ensuite, une nette préférence est accordée au développement de la musculature. La réponse à cette sélection est remarquable. Un nouveau type apparaît, alliant un développement important de la musculature (épaule, garrot, dos, lombes, arrière-train), un grand format, une ossature fine, mais solide, une belle harmonie des lignes avec côtes rondes, croupe inclinée, hanches cachées, queue détachée.

11. En 1973, cette race, jusqu'alors appelée race de Moyenne et Haute Belgique, bénéficie d'un nouveau nom : **le Blanc-Bleu Belge** ; elle est scindée en deux rameaux distincts : le BBB viandeux et le BBB mixte.

12. L'usage du glyphosate devait diminuer pour ne plus exister un jour, mais suite aux mouvements des gros tracteurs sur la ville, les multinationales de la chimie n'ont eu qu'un geste à faire et Ursula a fait le reste…

13. Avec au moins 4 tonnes, un tracteur actuel fait surtout deux choses : il écrase le sol et tue tout ce qui y vit avec sa charrue à 6 ou 10 socles, les vers de terre et toute la population sous-terraine qui pourrait jouer son rôle pour nourrir le sol…

14. Et depuis l'instauration des produits phyto-chimiques, on ne nourrit plus les plantes par le sol qui est au départ très riche naturellement en éléments nutritifs, mais par le dessus des plantes en arrosant celles-ci de plusieurs passages avec des pulvérisateurs plus gros que les tracteurs…

« **Nos enfants nous accuseront** », un film documentaire de Jean-Paul Jaud sorti en novembre 2008 a été pour moi qui cuisinais avec du bio, du local et du durable depuis plus de 10 ans, comme une bombe à retardement en pleine explosion.

J'ai cru à l'époque que des millions de personnes allaient voir ce film et qu'elles allaient faire le nécessaire pour influencer la plupart de nos décideurs politiques en agriculture. Que nenni, c'est en réalité le contraire qui s'est passé.

Il faut comprendre que ce film a bousculé et dérangé énormément l'agro-alimentaire dans ses habitudes outrancières de manipulation et de malnutrition vis-à-vis de nos enfants en tout premier lieu.

Rien à foutre, ce qui compte dans ce milieu de dictateurs alimentaires, c'est le rendement au moins cher possible. Ils sont tous potes (les loups ne se mangent pas entre eux !) et comme ils dirigent de main de maître avec des gants de fer 85 %, le monde agricole mondial, rien n'a évolué.

À l'exception des périodes de vache folle, de grippe aviaire dans les élevages industriels ou lors de la pandémie, on est reparti à chaque fois vers un régime de surconsommation, de gaspillage alimentaire incroyable et de normes dites européennes qui ne font qu'aggraver la situation.

Bel exemple vu à la télévision ce mardi 6 février 2024 où la Présidente de la Commission européenne lâche du lest en annonçant que :

Pendant que se réunissait le Conseil européen, des agriculteurs et des agricultrices sont descendus dans les rues partout en Europe. Nombre d'entre eux se sentent acculés. Les agriculteurs sont les premiers à ressentir les effets du changement climatique. Les sécheresses et les inondations détruisent leurs récoltes et menacent leur bétail. Ils ressentent les répercussions de la guerre russe. L'inflation, la hausse des coûts de l'énergie et des engrais. Malgré cela, ils travaillent dur chaque jour pour produire les aliments de qualité que nous consommons. Ils méritent pour cela toute notre reconnaissance, nos remerciements et notre respect.

C'est vrai. Les problèmes se sont accumulés ces dernières années. Nos agriculteurs et agricultrices méritent d'être écoutés. Je sais qu'ils s'inquiètent pour l'avenir du secteur agricole et pour leur avenir en tant qu'agriculteurs.

Mais ils savent aussi que l'agriculture doit s'orienter vers un modèle de production plus durable, afin que leurs exploitations restent rentables dans les années à venir. Et nous voulons faire en sorte que les agriculteurs restent aux commandes durant ce processus.

C'est pourquoi nous avons lancé le dialogue stratégique sur l'avenir de l'agriculture dans l'Union européenne. Nous avons invité les représentants du secteur agricole, des communautés rurales, de l'industrie des semences et des engrais, du secteur agroalimentaire, mais aussi du secteur financier, des associations de consommateurs et de défense de l'environnement, et du monde scientifique. Il nous faut analyser ensemble la situation, partager des idées et élaborer des scénarios pour l'avenir. Il nous faut aller au-delà d'un débat polarisé et instaurer la confiance. La confiance est une base essentielle pour des solutions viables.

L'enjeu pour nous tous est de taille. Notre filière agroalimentaire européenne est sans pareille. La diversité de nos cultures et de nos traditions se reflète dans les rayons de nos supermarchés. L'Europe a les produits alimentaires de la plus haute qualité et les plus sains au monde. Grâce à nos agriculteurs. Ils jouent un rôle central dans ce système, et bien entendu, ils méritent pour cela un salaire équitable. Il est vrai que notre soutien à ce secteur est massif. Notre politique agricole commune est soutenue par le budget de l'Union. L'argent, c'est important, mais cela ne fait pas tout. Des ressources naturelles saines sont également essentielles pour le maintien de bons rendements. En particulier, des sols fertiles ont toujours constitué la meilleure garantie pour que les agriculteurs puissent vivre de leur travail. Mais aujourd'hui, de 60 % à 70 % des sols en Europe sont en mauvais état. Nous pouvons inverser cette tendance. Et c'est précisément ce que font de nombreux agriculteurs. Mais nous devons faire davantage encore.

Pour une protection efficace de la nature, il faut que les incitations à intervenir soient généreuses. Les agriculteurs ont besoin de raisons économiques de prendre des mesures de protection de la nature, peut-être ne leur avons-nous pas exposé ces raisons de manière convaincante. De vraies incitations ne se limitant pas à compenser la perte de rendement sont nécessaires. Ces incitations peuvent être fournies par des subventions publiques et par des labels de qualité, par exemple en coopération avec les distributeurs et les entreprises de transformation. La protection de la nature ne peut réussir qu'avec une telle approche ascendante reposant sur les incitations, car ce n'est que si nos agriculteurs et nos agricultrices peuvent vivre de leurs terres qu'ils investiront dans l'avenir. Et ce n'est que si nous atteignons ensemble nos objectifs en matière de climat et d'environnement qu'ils pourront continuer à gagner leur vie.

Nos agriculteurs en sont bien conscients. Nous devrions leur faire davantage confiance. Permettez-moi de vous donner un exemple. ***La Commission a proposé le règlement SUR, dans le but louable de réduire les risques des produits phytopharmaceutiques. Mais la proposition SUR est devenue un symbole de polarisation. Elle a été rejetée par le Parlement européen. Il n'y a plus de progrès non plus au Conseil. C'est***

pourquoi je proposerai au Collège de retirer cette proposition. La Commission européenne va retirer sa proposition qui visait une diminution de moitié de l'usage des pesticides d'ici à 2030*. Mais bien sûr, le sujet reste d'actualité et pour avancer, davantage de dialogue et une approche différente sont nécessaires. Sur cette base, la Commission pourrait faire une nouvelle proposition beaucoup plus mûre, avec la participation des parties prenantes.*

Les mois qui viennent ne vont pas être simples. Mais je pense qu'une grande occasion s'offre aujourd'hui à nous. Tous ceux présents dans cette assemblée mesurent bien que notre secteur agroalimentaire – à commencer par les exploitations agricoles – a besoin de perspectives à long terme et d'une volonté de s'écouter mutuellement et de rechercher des solutions communes. Nous devons éviter de nous rejeter mutuellement la faute, et chercher ensemble des solutions aux problèmes. Le rapport qui doit être présenté d'ici la fin de l'été aura une importance considérable. Les résultats et les recommandations de ce dialogue seront discutés au Parlement, ainsi qu'avec les États membres et ils formeront le fondement de notre future politique agricole.

Je ne suis pas un intellectuel de l'agriculture, mais j'ai tout de même bien compris que l'idée de diminuer l'usage des pesticides de moitié d'ici 2030 va tomber à l'eau…

Chers médecins et chers pharmaciens, n'ayez pas trop d'inquiétudes, voici une bonne nouvelle, vos hôpitaux et vos officines ne vont pas désemplir. Vous n'irez pas au chômage, les cancers, les allergies et toutes les maladies de ces 50 dernières années dues essentiellement à la bouffe trop salée ou trop sucrée, aux pesticides chimiques arrosés sur les fruits, les céréales et les légumes qu'on retrouve partout sur nos étals et dans les supermarchés vont reprendre de plus belle !

Nous devons être environ 15 % sur cette Terre à croire qu'il est possible de vivre dans un monde meilleur et d'y avoir une vie ainsi qu'une nourriture saine.

De laisser à nos enfants et à nos petits-enfants autre chose que ce que nous montrent tous les jours et toutes les 20 minutes les rois de la publicité mensongère partout dans le monde à travers la télé, la radio, les magazines et autres « fléaux » (réseaux) sociaux tant prisés par notre jeunesse.

Les 85 autres % pensent que nous sommes des doux rêveurs, des bobos, des barjots, des farfelus et j'en passe. Mais une chose est certaine, jamais je n'abandonnerai mes convictions qui me guident vers le haut en matière de qualité alimentaire, surtout pour la croissance naturelle de nos enfants.

Je suis aussi convaincu que si nous ne faisons pas lentement et sûrement marche arrière, nous allons droit dans le mur. Et là, c'est certain qu'il n'y aura plus de marche arrière possible !

De toute façon, il n'y a plus le choix, car tant pour le climat que pour la nourriture, **ON EST DÉJÀ DANS LE MUR !**

Comme disait feu Jean-Pierre Coffe : « À chacun sa merde… »

Ma recette de la glace à la vanille naturelle au lait cru de vache

1. Mettre de l'eau bien froide dans un évier afin d'y tremper la casserole en fin de préparation, y prévoir des glaçons en été n'est pas un luxe, cela accélérera le refroidissement de la crème anglaise.

2. Verser ½ litre de lait cru dans une casserole, l'aromatiser d'un demi-bâton de vanille naturelle fendu sur la longueur et faites chauffer lentement jusqu'à atteindre une légère ébullition.

3. Laisser infuser à couvert, le temps de réaliser le ruban dans un bol avec un fouet électrique qui consiste à fouetter ensemble 6 jaunes d'œufs et 125 g de sucre fin de canne jusqu'à ce que ce mélange soit bien mousseux et ait doublé de volume.

4. Verser ce ruban dans le lait hors du feu en mélangeant vigoureusement avec un fouet puis remettre sur la source de chaleur en mélangeant maintenant avec une spatule jusqu'à atteindre la température maximale de 80 °C, cela se vérifie avec un thermomètre de cuisson ou au nappage homogène de la crème sur la spatule lorsqu'on la ressort du récipient. Si la température dépasse les 80 °C, les jaunes d'œufs risquent de coaguler et de donner un aspect granuleux à la préparation.

5. Mettre la casserole dans l'eau bien froide de l'évier et continuer à mélanger à la spatule afin d'arrêter la cuisson, dès que c'est tiède, sécher le dessous de la casserole et la mettre rapidement au réfrigérateur en laissant infuser à couvert au moins 4 heures.

6. Filtrer la crème anglaise au chinois ou à la passoire très fine et faire tourner en sorbetière.

Se déguste sans modération nature ou avec un bon chocolat fondu à 70 % de cacao avec un peu de crème fraîche, des fraises ou des fruits rouges en saison, une poire confite ou autres fruits secs caramélisés suivant ce que propose la saison.

Ma crème au lait cru fermier et au chocolat noir 70 % de cacao

Pour autant de petits pots qu'il y a d'enfants à gâter...

– 2 litres de lait cru fermier
– 10 jaunes d'œufs
– 200 gr de sucre fin de canne
– 80 gr de farine de froment ou de fécule de maïs
– 250 gr de chocolat noir à minimum 70 % de cacao

1. À faire la veille de la dégustation : cuire le lait dans une casserole et le laisser frémir au moins durant 3 minutes, pendant ce temps, dans une autre casserole, faire un ruban avec le sucre et les jaunes d'œufs et y ajouter la farine tamisée.

2. Verser le lait bouillant sur le ruban, bien délayer l'ensemble avec un fouet, porter à ébullition et diminuer le plus vite possible la cuisson pour éviter de cuire les jaunes d'œufs, mais laisser tout de même un léger frémissement durant 2 minutes en mélangeant sans arrêt.

3. Pour arrêter la cuisson, jeter tout le chocolat préalablement cassé en petits morceaux dans la crème, bien mélanger pour que le chocolat soit bien fondu et répartir dans les petits pots de circonstance.

4. Pour la crème à la vanille naturelle, il suffit de remplacer le chocolat par 1 bâton de vanille de Madagascar, qui sera placé dans le lait avant sa cuisson.

Je tenais absolument à vous présenter ma crème au chocolat qui n'a strictement rien à voir avec les affreux puddings chimiques qui envahissent les rayons des magasins, les cantines d'école, les hôpitaux, et tout le reste... Ah que ça fait du bien de pouvoir s'exprimer !

PS : j'avoue qu'il est très difficile et presque inhumain d'attendre le lendemain pour s'envoyer un pot de crème au chocolat, d'ailleurs je ne résiste jamais, jamais !!!

Pour la crème à la vanille naturelle, il suffit de remplacer le chocolat par 1 bâton de vanille fendu sur la longueur et l'infuser dans le lait dès le départ de la cuisson.

La pub nous dirige par le bout du nez dès notre naissance ? Mais non, elle nous vend sa camelote !

Tout cela commence par les langes jetables pour les bébés à peine sont-ils nés !

Si les gens du marketing des grosses industries de l'agroalimentaire se donnent la peine de « pondre » de beaux textes à lire sur les emballages de leurs produits, c'est qu'il y a un message utile et sincère vis-à-vis du consommateur.

Si par philosophie et par éthique je fais habituellement mes courses chez des petits commerçants et autres producteurs à vocation biologique, il arrive que je m'attarde dans de grands magasins, histoire de ne pas perdre le fil de l'évolution hyper-consommatrice.

Et là que vois-je en ouvrant une boîte de camembert industriel au lait pasteurisé ?

« Votre camembert affiche désormais 20 % de matière grasse sans changer de recette... »

Le taux de matière grasse affiché sur les fromages est maintenant calculé en tenant compte de leur humidité, comme c'est déjà le cas pour les autres produits laitiers. Votre camembert ne change pas de recette. Seul son affichage évolue, pour mieux vous informer et vous permettre de gérer plus facilement votre équilibre alimentaire.

« Ainsi, votre camembert qui indiquait 45 % de matière grasse affichera désormais 20 %, sans changer ni de recette ni d'ingrédients. »

Ce n'est pas difficile, avant ce fromage affichait, pour la loi, 45 % de mg par kilogramme de matière sèche et maintenant, ce même fromage affiche 20 % de matière sèche sur base de son poids réel constitué, entre autres, par 25 % d'eau. Ce qui explique comment on peut vendre un produit dit allégé, mais alourdi pour le bénéfice de l'industrie par de l'eau !

De qui se moque-t-on ?

De vous et de moi, comment un fromage qui affichait 45 % de M. G. il y a un mois, en affiche aujourd'hui 20 % sans avoir rien modifié dans sa fabrication (à part l'ajout de l'eau !) c'est comique de lire ce genre de propos, car c'est comme si jusqu'à présent on s'était trompé ou encore mieux, on nous aurait menti…

C'est comme sur cet autre emballage de céréales croustillantes et cacaotées pour le petit-déjeuner des enfants, sur lequel il est écrit en grand pour que ce soit bien visible : « CALCIUM + 8 vitamines et du fer ». Cela voudrait-il dire qu'auparavant, ce produit ne contenait rien de nécessaire pour un bon équilibre alimentaire ?

Il en va de même pour nos enfants qui sont matraqués avec tout ce que crée le monde industriel de l'alimentation sans gêne et sans pudeur…

Wrap de fruits et légumes, sauce samouraï maison (au lieu de la sauce industrielle vendue en friterie ou au supermarché...)

– 4 galettes souples de froment ou tortilla
– Mélange de salade de saison
– 1 pomme et 1 poire
– 1 carotte et ½ de concombre
– 4 lobes de tomate séchée
– 200 g de mayonnaise maison
– Sel et poivre noir
– 1 c à c de curry et 1 c à c de cumin
– 50 g de coulis de tomate et 1 c à s de moutarde
– Tabasco, tamari et harissa (selon le goût)
– Graines de tournesol
– Graines germées ou jets de légume pour la décoration

1. Une heure avant de servir, couper les fruits et les légumes en gros bâtonnets de 1 cm x 3 cm avec la peau, les mélanger délicatement dans un bol avec sel, poivre et la tomate séchée émincée finement.

2. Dans un bol, mélanger la mayonnaise avec curry, cumin, coulis de tomate, moutarde, tabasco, tamari, harissa, sel et poivre, rectifier suivant l'envie d'épices.

3. Mettre les galettes à plat sur le plan de travail, répartir les feuilles de salade ciselées bien à plat et répartir le mélange fruits et légumes, mettre de la sauce samouraï et des graines de tournesol en surface, rouler la galette en forme de cylindre ou de cornet, emballer dans un film alimentaire et mettre au grand froid.

4. Déballer et couper le wrap en deux de biais, le garnir de graines germées ou de jets de légumes, se déguste comme un sandwich.

Vin conseillé : Saumur Champigny (Loire rouge) température cave

L'artisanat à grande échelle…

Mon métier de cuisinier et maintenant de consultant me donne souvent l'occasion de visiter et ensuite de travailler pour des firmes importantes.

Je suis conscient que malgré ma philosophie et mon orientation axée essentiellement vers les produits d'origine biologique, cela ne m'empêche pas de travailler occasionnellement pour des sociétés de l'agroalimentaire conventionnel.

Pour être précis, je dirais qu'il y a deux raisons impératives dans ce choix, la première est d'ordre réaliste financièrement et la seconde est plutôt une manière très professionnelle de me permettre de juger et de critiquer tout ce que je vois autour de moi avec objectivité.

Pour être plus clair, aussi bien dans le conventionnel que dans le bio, il me serait impossible de travailler pour des gens malhonnêtes qui trompent leurs clients ou qui font n'importe quoi tant que ce soit rentable, et peu importe si les consommateurs en sont les victimes comme cochons payeurs.

Que signifie *« un travail artisanal »* ?

S'agit-il d'une petite structure qui travaille avec des moyens limités et dans des conditions pouvant être douteuses ? Ou plutôt d'une grande entreprise qui utilise du matériel performant et moderne, mais avec comme principe le respect des produits et une grande maîtrise technique ? Ça se discute.

Pour ma part, avec les quelques expériences que j'ai vécues en tant que conseiller, j'ai tout d'abord analysé avec précision chaque société pour laquelle je devais travailler. Le principe est très simple, le premier rendez-vous est pris sur place et je rencontre la personne référence du projet qui me serait confié. Cela se fait TOUJOURS gratuitement, car si le projet ou la société concernée ne me plaît pas pour diverses raisons, je ne poursuis jamais cette expérience.

Je dois reconnaître qu'il y a des sociétés ou même des personnes qui m'ont dupé ! Après m'avoir cajolé dans le bon sens des poils, et après une première visite qui m'a été proposée avec de grandes précautions de camouflage, j'ai accepté le travail de consultant.

Ce que le responsable ou le patron ne savait pas, c'est que je suis une vraie fouine et que je vais mettre mon nez partout dans l'entreprise lors de mes premières prestations. Et c'est là que je comprends qu'on s'est servi de moi pour se donner une belle image extérieure qui plaira certainement aux clients qui sont attentifs au durable et à l'artisanal.

On ne me le fait jamais deux fois. Cela pourrait être aussi à cause d'un membre du personnel qui n'est pas droit dans ses bottes. Par exemple un employé qui ne fait pas son job correctement ou pire, qui ne respecte pas les mesures obligatoires d'hygiène et de sécurité ou d'horaire de prestation. J'en fais part à la direction et je m'entends dire que ce n'est pas grave, que c'est un personnage très important dans l'entreprise, apparemment, cette personne est intouchable.

Finalement, c'est dans certaines grosses boîtes que j'ai rencontré les personnes les plus accueillantes et les plus compétentes en agroalimentaire, même s'ils sont loin de faire du bio, du local et du durable. J'y ai retrouvé une organisation parfaite à tous les niveaux, et une sympathie collective respectant mon travail et surtout, suivant mes conseils de cuisinier et de consommateur avisé à la lettre.

Le pâté vraiment artisanal pur porc aux champignons des bois

Cette recette est ma version du pâté de porc suite à ma collaboration très fructueuse chez Detry à Aubel

– 90 g de poitrine de porc grasse
– 45 g de foie de porc
– 90 g de viande de porc
– 75 g de champignons des bois
– 5 g de beurre et ½ échalote hachée
– 2 branches de persil haché
– ½ dl de crème
– 1 œuf
– 1/8 de gousse d'ail écrasée
– ¼ dl de jus de porc
– Sel de mer et poivre noir du moulin
– 1,5 cl de Pèket
– 35 g de fruits secs concassés
– Fruit de saison et pain de campagne

1. Hacher les 3 viandes dans un grand bol, émincer les champignons et les faire revenir dans une poêle avec le beurre et l'échalote hachée.

2. Mélanger les viandes en y ajoutant le persil haché, la crème, les œufs, l'ail, le jus de porc, le sel, le poivre, la liqueur, les fruits secs et les champignons cuits.

3. Bien mélanger l'ensemble, goûter et rectifier l'assaisonnement.

4. Mettre des petites terrines individuelles beurrée ou bardée de lard gras, et enfourner à 110 °C, le pâté est cuit lorsque le sang n'apparaît plus sous la pression du doigt.

5. Laisser reposer au moins une nuit au frais, démouler et servir avec un fruit de saison parsemé de fleur de sel et accompagné d'un toast de pain de campagne grillé.

Et le végétal dans tout cela, est-il aussi intéressant pour nos bambins ?

Il y a les légumes et les légumineuses.

Conseiller culinaire depuis plus de quinze ans dans la restauration de collectivité, j'ai beaucoup étudié la question.

Mon ami Nicolas Guggenbühl est « *le* » grand spécialiste de la nutrition. Via sa société *Karott,* il publie régulièrement des indications et des résultats de nombreuses recherches en la matière.

À ma demande, il me fait le plaisir de vous communiquer ses avis sur l'évolution de notre alimentation, avec une connotation très contemporaine.

Nous avons communiqué par téléphone et je résume ses dires.

« Il est hors de question de suggérer de se nourrir avec uniquement du végétal, la frustration, c'est pour celui qui la souhaite. Il est aussi libre à chacun de choisir son mode de nourriture. Mais se priver totalement de viande n'est pas forcément la solution, sauf si les convictions des personnes concernées vont dans ce sens.

Il est question de nos jours de penser climat, santé et d'une prise de conscience de la planète que nous laisserons à nos successeurs. Car c'est la planète qui nous nourrit, mais comment y arriver si l'on continue d'aller droit dans le mur ?

Il est nécessaire d'y mettre la forme, mais pas forcément en proposant toutes sortes d'aliments ultra-transformés à base de concentré de protéines de soja, d'arômes et autres additifs. Par contre, on peut commencer par végétaliser plus son alimentation. Les aliments à base de céréales (de préférence complètes), les légumineuses, les légumes, les fruits à coque (noix) et les graines sont des exemples concrets.

On trouve de plus en plus d'alternatives à la viande. Les rayons spécialisés des supermarchés en sont remplis. Le seul problème, c'est que l'industrie agroalimentaire s'est emparée du truc, que la chimie y court à grands pas, ainsi que des additifs pas très catholiques !

Ce n'est pas parce que c'est bon que cela est sain pour la santé. Voilà pourquoi le "faire soi-même" reste la meilleure solution.

L'humanité se retrouve face à des enjeux où santé humaine et santé de la planète ne peuvent plus être vues distinctement.

Aujourd'hui, le grand défi est connu : il s'agit de nourrir de façon adéquate d'un point de vue nutritionnel, mais aussi dans une perspective de durabilité et d'une population mondiale qui ne cesse de croître.

Accorder une place plus importante aux végétaux dans l'alimentation (fruits et légumes, légumineuses, céréales complètes, fruits à coque et graines) apparaît désormais comme une composante indispensable pour relever ces défis pour assurer la santé des Hommes et celle de la planète, comme en témoignent les nombreuses recommandations alimentaires actuelles.

Mais il ne suffit pas de savoir ce qu'il faut faire, encore faut-il arriver à faire évoluer l'offre alimentaire, à modifier les comportements, notamment en adoptant une alimentation avec une composante végétale forte.

Les systèmes alimentaires désignent l'ensemble des règles de fonctionnement, des modes d'organisation, des technologies et des pratiques qui déterminent les modes de consommation, de production, de transformation, de conditionnement, de stockage et de distribution des biens alimentaires. Ils représentent un contributeur important de l'émission de gaz à effet de serre (GES) -CO2 et non-CO2.

Cette émission, qui atteint 25 à 30 % des émissions totales de GES, est attribuable à la culture et aux activités d'élevage au sein de la ferme (agriculture), à la dynamique de l'utilisation des terres et de l'utilisation des terres associée à l'agriculture, ainsi qu'aux modes de transformation, de vente au détail et de consommation des aliments, y compris les processus en amont et en aval tel que la fabrication d'engrais chimiques et de carburants.

Les systèmes alimentaires ont le potentiel de nourrir la santé humaine, de soutenir la durabilité, mais actuellement ils menacent les deux.

Si la disponibilité calorique globale a relativement suivi l'évolution de la population, il existe des déséquilibres flagrants entre, d'une part, plus de 800 millions de personnes qui n'ont pas accès à une nourriture suffisante, et désormais 2 milliards de personnes qui surconsomment une alimentation de piètre qualité nutritionnelle, avec pour conséquence le développement de l'obésité et des nombreuses maladies associées.

La Commission EAT-Lancet, qui a rassemblé 37 experts issus de 16 pays, s'est penchée sur le défi qui consiste à nourrir sainement et de façon durable les 10 milliards de personnes qui peupleront la planète en 2050. Et cela en tenant compte des changements climatiques, de la diminution de la biodiversité, des ressources en eau ainsi que des cycles de l'azote et du phosphore. Elle préconise une transformation globale des systèmes alimentaires qui sont trop souvent poussés à produire, mais pas de façon durable.

Elle propose aussi des repères alimentaires qui devraient permettre de satisfaire les besoins nutritionnels de tous en étant réalistes et atteignables du point de vue de la production.

En conclusion : il importe d'enrayer la spirale dans laquelle la dégradation des sols les rend difficilement cultivables et leur fait perdre leur capacité à absorber le carbone. Cela exacerbe le changement climatique, qui accentue encore la dégradation des sols ».

Certains extraits proviennent du livre blanc réalisé par la Fondation Louis Bonduelle.

Carpaccio aux 4 tomates de saison

– 4 tomates de variétés différentes (Cœur de Bœuf, Green Zebra, Noire de Crimée et Jaune Ananas)

– 8 c à s d'huile d'olive

– 1,5 c à s de vinaigre balsamique blanc

– ¼ de gousse d'ail frais finement haché

– Sel et poivre noir

– Parmesan et persil plat

– 4 belles feuilles doubles de basilic

1. Couper de très fines tranches de tomate directement sur l'assiette en alternant les couleurs.

2. Assaisonner la surface des tomates de sel et de poivre, mélanger l'huile d'olive avec le vinaigre balsamique blanc et l'ail. Répartir cette vinaigrette au pinceau de cuisine sur les tranches de tomate.

3. Garnir de parmesan râpé gros, de persil plat et de feuilles doubles de basilic.

Vin conseillé : rosé du Pays d'Oc

Le gaspillage alimentaire, je crois que nos enfants le comprennent bien avant leurs parents…

Regardant France 5 un dimanche matin, un très beau reportage est consacré au gaspillage alimentaire dans les restaurants en France, avec une mention spéciale pour les buffets « tout à volonté ».

Des études très sérieuses, parlent d'une moyenne de déchets d'environ 125 g par jour et par personne, c'est énorme et si on multiplie par 365 et par le nombre d'habitants, ça vous ouvre les yeux sur l'importance du propos.

Il y a aussi la création d'applications avec lesquelles vous pouvez être mis au courant d'un ou de plusieurs restaurants ou de snacks qui proposent des plats à prix réduit dans les environs les plus proches, car ils arrivent à une date limite de consommation très proche.

L'idée fait aussi son chemin d'envisager l'obligation aux restaurateurs de donner un doggy bag aux clients avec les restes de leurs assiettes au lieu de les jeter à la poubelle !

Dernière chose, et là c'est une suggestion qui m'est très personnelle.

Pour le cuisinier vu lors de cette émission dans un beau coin montagnard dans une très belle région de France, et qui fait des traces de jus de betterave rouge en boîte à l'aide d'un pinceau sur ses assiettes, une idée simple.

Au lieu de jeter à la poubelle les betteraves rouges de votre boîte de conserve, que personne ne veut, même pas votre personnel, utilisez une betterave rouge fraîche coupée en cubes avec la peau, cuisez-la à l'eau plus que de normal et mixez le tout, passez au chinois fin et vous aurez un merveilleux coulis de couleur fuchsia qui fera merveille sur vos assiettes. Et sans gaspillage incroyable, ce n'est pas vraiment de circonstances de nos jours !

Je me demande d'ailleurs si je ne vais pas aussi créer un « cours » d'utilisation des déchets en cuisine professionnelle après ma retraite, que de travail en perspective, on verra s'il me reste du temps dans mes projets ! Va falloir faire un choix.

L'utilisation des parures et des pelures de viandes, de poissons, de fruits et de légumes, c'est un sujet que je maîtrise depuis quelques années. Je ne peux m'empêcher de vous donner quelques recettes qui concernent ce sujet bien d'actualité.

Comment utiliser les restes de matière première ?

S'il vous reste des parties de fruits ou légumes non utilisées dans vos recettes précédentes, donnez-leur une délicieuse utilité : finement ciselé et fondu 10 minutes dans du beurre avec un peu d'eau, le vert de poireau agrémente quiches, risottos, pâtes, œufs cocotte, etc.

Le surplus de céleri-rave taillé en gros dés et citronné sera préparé en crudité ou cuisiné en soupe ou en purée. Raclée, mixée et mélangée avec de la limonade, la chair restante d'un melon évidé devient une boisson vitaminée et rafraîchissante. Après avoir réalisé des tagliatelles de carottes, conservez les chutes pour les déguster à la croque.

Faites sauter les tiges de brocoli dont vous avez utilisé les fleurs ; pensez à prélever les zestes de vos oranges et de vos citrons avant de les presser, ils parfumeront gâteaux au yaourt, pâte à crêpes, etc.

Ne condamnez plus les fanes de légumes, les feuilles et les parures au vide-ordures ou au composteur. Offrez-leur une seconde vie cuisinée. Souvent parfumées, elles rehaussent le goût des plats. En potage ou ciselées sur une salade, les fanes de radis sont exquises. Au parfum enivrant, les feuilles de céleri-branche ajoutent de la saveur aux bouillons et aux plats mijotés. De ses arômes typiques, le plumet de fenouil accommode avec douceur papillotes de poissons ou de moules, etc.

Autre option, n'épluchez pas les produits pouvant se consommer avec leur peau (courgette, concombre, pomme, poire, aubergine, tomate, poivron, potimarron, carotte, panais, persil tubéreux, navet, céleri rave, etc.). Vous y gagnerez en temps de préparation et ne gaspillerez plus. Si vous le pouvez, destinez les éventuelles épluchures au compostage, elles formeront un excellent fertilisant naturel pour vos plantes ou votre potager.

Je constate que de plus en plus d'aliments non périmés sont jetés à la poubelle ou dans le compost. Un demi-pain, des pommes de terre crues qui n'ont pas de traces impropres visibles, des pâtes cuites, du riz cuit, etc.

Il est bon de rappeler qu'avec l'augmentation du coût des matières premières, de l'énergie et de toute l'alimentation en général, ce n'est jamais le moment de gaspiller autant d'aliments. De plus, bon nombre de personnes n'ont pas de quoi se nourrir quotidiennement sur cette Terre.

Lors de prestations culinaires avec uniquement de jeunes enfants le samedi matin dans mon atelier culinaire, j'ai eu l'occasion de leur donner les fiches techniques qu'ils ont mises en pratique en récupérant bon nombre d'aliments qui habituellement vont soit à la poubelle, soit au compost.

Par exemple

– Potage aux parures de légumes (légumes racines, radis, carottes, etc.)

– Chips de pelures de légumes

– Pelures de légumes séchées en garniture de plats

– Desserts colorés aux pelures de légumes

– Sauce béchamel sans beurre et sans farine, mais à base de cœur d'un légume (chou-fleur, brocolis, endive, etc.)

– Sauce béarnaise sans beurre et sans œufs avec des parures de courgettes jaunes en été et de potimarron en automne et en hiver

– Salades de fromage de chèvre aux feuilles de radis, de carotte, de betteraves rouges ou de blettes

Faites du sport, les enfants, c'est bon pour la santé…

Je ne peux taire cette aberration qui veut que nos enfants fassent du sport très souvent collectif (foot, basket et autres), ce qui est une très bonne initiative en soi, mais qui devient complètement ridicule juste après l'activité.

Mes enfants y sont passés comme tous les autres et comme un con je fermais ma gueule pour ne pas gêner mes gosses face à leurs copains et copines.

Déjà que je devais supporter l'imbécillité de ces parents qui quelques fois déjà, à moitié bourrés, gueulaient sur leur progéniture lors du match de foot hebdomadaire. Ils avaient des réflexions inimaginables tant envers l'arbitre que sur l'équipe adverse et encore pires vis-à-vis de leur propre enfant.

Même le coach qu'ils n'aimaient plus, car la semaine dernière il n'avait pas sélectionné leur star de fils dès le début du match…

Là aussi je la fermais, car s'il ne tenait qu'à moi, je me serai cassé au plus vite, il m'arrivait d'ailleurs très souvent de regarder le match à l'autre bout du terrain afin d'avoir la paix !

L'aberration venait donc de ce que la « buvette » proposait lors de ce qui s'appelait et s'appelle toujours avec beaucoup de justesse la troisième mi-temps.

En général, les parents avaient déjà bu quelques bières au retour des vestiaires des enfants, et d'office, il y avait une table dressée pour eux avec des boissons rafraîchissantes, très peu d'eau, mais beaucoup de cola, de limonades et autres boissons sucrées.

Comme les enfants sont souvent affamés après l'effort, chaque parent offrait ce qu'il y avait de mieux et de meilleur sur le comptoir de la buvette, chips, sucettes, bonbons chimiques, saucisses séchées sous boyau de plastique, gaufres industrielles et toutes merdouilles qu'on retrouve dans le panier de beaucoup de ménages.

Avec l'âge, les boissons changent, dès 14 ou 15 ans, l'entraîneur autorise qu'un des joueurs apporte un casier de bière dans le vestiaire pour fêter un anniversaire ou une victoire capitale.

Et forcément à partir de 17 ou 18 ans, et jusqu'à la section des vétérans du foot (et là c'est encore pire, car c'est vraiment la troisième mi-temps le but de la rencontre !) les bières et blanc-cola coulent à flots juste après le match pour terminer par une monstrueuse et giga méga MITRAILLETTE… Seuls les Belges savent pourquoi.

Voici selon l'avis de mes amis Nicolas Guggenbühl et David Declerck, nutritionnistes, ce que devrait manger un sportif juste après l'effort.

Le principe est simple : il faut des glucides avant tout, sous une forme aisément assimilable, mais de préférence dans un contexte nutritionnel riche (donc pas que des glucides, mais aussi des vitamines minérales).

1. Fruits (dont banane très bon choix), mais ça peut aussi être de la compote ou un smoothie à base de fruits.

2. Du pain (pas le plus complet, car moins vite assimilé, mais pas le plus blanc non plus) avec une garniture au choix : pâte d'amande + miel = mieux que Nu---la ou confiture trop sucrée.

3. Des barres des céréales « maison » faites avec du muesli, du miel qui se conserve dans une boîte hermétique.

4. Du liquide, surtout si on a bien transpiré : une soupe, chaude ou froide en été (pour les électrolytes), à base de légumes (riches en potassium), ça peut aussi être du bouillon.

5. Une pomme après le sport, car il y a à boire et à manger, des sucres, des fibres, et ça désaltère.

Enfant, j'étais tellement gavé que j'en suis devenu obèse…

Chaque année, c'est la même salade, tous les magazines s'y mettent, qu'ils soient féminins, télé, business ou culturels. Chacun y va de son régime minceur implacable qui fait perdre juste ce qu'il faut pour mettre le nouveau maillot de bain acheté en promo chez La Redoutable, Zalanchose ou Samytruc.com, et maintenant, il y a à la télé « Comme ils aiment.be ».

Franchement, y en a marre, en plus c'est souvent très original. Que ce soit W. machin, Top belle silhouette, et surtout Comme je n'aime pas, ils vous garantissent du plaisir en mangeant, aucune privation et encore moins de frustration pour pas cher. Le tout approuvé par une célébrité en perte de vue sur les écrans, qui vante le produit en ayant perdu X kilos sur deux semaines !

Aucun régime à la con n'empêche de faire le yoyo avec son poids. Tout cela est prouvé scientifiquement par des médecins compétents, des nutritionnistes ou des naturopathes qui le sont tout autant !

Je rappelle une fois de plus que dans consommation, il y a toujours le mot « con », et si ça ce n'est pas vous prendre pour des pigeons, j'en perds mon latin.

Né dans le beurre et la crème fraîche fermière 10 ans après la Seconde Guerre mondiale, mes parents pensaient que pour être en bonne santé il fallait impérativement que je sois gavé.

À l'âge de 12 ans, je devais peser près de 80 kg et lors de la première leçon de gym, tous les copains riaient de mon obésité. C'est vers 16-17 ans en prenant beaucoup de hauteur que mon corps s'est affiné tout en laissant malgré cela des traces de surpoids.

Avec les conseils d'un excellent pédiatre et surtout avec l'envie de ne pas répéter ce qui m'est arrivé, j'ai toujours été attentif à un bon équilibre alimentaire pour mes enfants dès leurs premiers repas.

Avec mon cher métier de cuisinier, mes heures de sommeil irrégulières, mes heures de travail anormales et mes envies permanentes de gourmandises surtout sucrées, je suis reparti vers 25 ans dans un surpoids difficile à gérer.

Comme tout le monde, j'ai tâté de tous les régimes, et comme eux, j'ai pratiqué du yoyo tous les six mois, j'en ai eu marre, car c'était trop contradictoire avec ma passion de la bonne cuisine que je partageais avec mes clients.

C'est en 1992 que je découvris le livre de Michel Montignac *« Je mange donc je maigris ! »* chez Édition Artulen. Là je fus séduit par ses propos qui donnaient vraiment envie de le suivre au point de vue gustatif et équilibre alimentaire.

Malgré certaines privations consécutives à mes habitudes alimentaires, je dus me priver de pain avec le fromage, de viande dans la sauce des pâtes complètes et de féculents à tous les repas. Sa grande idée était de ne plus tout mélanger, mais de dissocier certains aliments afin d'avoir un bon équilibre en matière de glucides, de lipides et autres protéines tant animales que végétales.

Cela marchait très bien, mais 4 ans plus tard, suite à de gros déboires financiers et professionnels, j'ai replongé dans une alimentation incontrôlée pour atteindre de nouveau un surpoids désagréable.

Je me suis repris en main début 2000 toujours avec la méthode Montignac, puis ayant repris de nouveau du poids en 2005, je suis les conseils d'un docteur en nutrition avec un style différent, mais assez réaliste par rapport à mon métier et mes heures de travail. Cela marche très bien durant 3 ans.

Suite à ma nouvelle vie personnelle début 2008, je me laisse aller aux talents de cuisinière de mon épouse qui adore me choyer et me faire plaisir, j'avoue que mon plaisir est total et qu'il est partagé consciemment.

En 2011, je quitte la restauration de collectivité pour ouvrir un atelier culinaire avec mon épouse et nous y rencontrons un nutritionniste passionné et passionnant. J'opte pour ses conseils tout en trouvant sa méthode originale et très sensée.

Au printemps 2014 je lis le livre du Dr Pierre Dukan, « Je ne sais pas maigrir » Édition Flammarion. Là c'est tout différent, et moi qui suis contre les régimes protéinés avec poudres et mixtures aux parfums douteux de vanille, de chocolat et autre café, je lis qu'il suggère de vraies protéines comme les viandes, les poissons et autres aliments comme les produits laitiers de type fromage blanc ou yaourts, mais uniquement à 0 % de matières grasses.

Là, ça m'énerve un peu (surtout le mot « light » !), mais je tente l'expérience et c'est vrai que sur 10 jours, j'ai perdu 5 kg. Mais ça m'intrigue et je ne suis pas ses conseils pour la suite du programme. Je tiens un an avec une alimentation classique, puis je reprends un peu de poids. J'ai trouvé cette formule trop extrémiste !

Aujourd'hui, j'ai 68 ans, je suis heureux, je suis le papy de petits enfants merveilleux, alors je peux vous dire que les régimes, je n'en ai plus rien à foutre et en plus mon épouse me trouve très bien comme je suis, alors, vivons que diable !

Après tous ces essais et ces modes d'alimentations diverses, voici mon avis pour une bonne alimentation dès le petit-déjeuner.

Ce concept est réalisé avec les conseils judicieux de mon ami Daniel Gramme, naturopathe et herboriste, avec également les idées de Nicolas Guggenbühl et de David Declerck, nutritionnistes professionnels.

Le repas du matin

– 2 tranches de pain épeautre, petit-épeautre au levain maison, toastées si envie, plutôt que grillées

– Un soupçon de beurre pour les accros ! Mais un peu d'huile d'olive c'est encore mieux ou beurre d'H.O (H.O. refroidie au frigo) mieux : pâtes végétales style houmous

– 1 tranche de jambon cuit

– Ou de jambon cru fermier de chez nous

– Ou de fromage au lait cru de chez nous, ou un fromage de type Comté, le lait cru est intéressant pour les probiotiques

– Ou 1 œuf fermier cuit sur le plat ou à la coque ou à la coque sans coquille (voir recette plus bas !)

– 20 g de chocolat noir à minimum 70 % de cacao et local si possible (en Belgique nous sommes les meilleurs !)

– Terminer par quelques cerneaux de noix ou de noix du Brésil (limiter la noix du Brésil à 2 – 3/semaine vu la teneur élevée en sélénium, mais aussi en substance plus nocives – il faut varier les oléagineux

– thé, tisane ou café noir ou vert en infusion (eh oui, ça existe !)

Le repas de midi

Suivant vos envies (c'est essentiel !) et suite à votre petit-déjeuner matinal : je ne mets jamais de quantités, car c'est selon votre physionomie et votre corpulence, par contre, j'insiste vraiment sur l'importance de favoriser un maximum les légumes, pas trop de féculents et une quantité de viande raisonnable, soit entre 100 et 120 g par jour. Et la viande rouge, pas plus de 300 g/semaine !). Une assiette « classique » est composée pour moitié de légumes – ¼ féculents – ¼ de viande.

– Poulet coloré et cuit à basse température, 85 °C (la cuisse est plus goûteuse que le filet !)

– Ou viande de bœuf, de veau, de porc maigre, saumon, lieu noir, sardines fraîches, filet de maquereau frais, etc. Poêlés à l'huile d'olive ou cuit à la vapeur, c'est selon votre habitude. Au four à 85 °C, c'est excellent aussi, ça maintient la valeur nutritive et la saveur du produit. Attention à colorer préalablement les viandes à la poêle très rapidement avant d'enfourner ! Penser aussi aux protéines végétales : légumineuses et pseudo-légumineuses

– Beaucoup et à volonté, des légumes de saison, simplement cuits (eau ou vapeur), mais c'est encore mieux de les couper fins à cru et de les poêler avec un filet d'huile d'olive (apport oméga 9 - 6) et/ou de COLZA, Cameline, noix, lin (apport oméga 3) et une ou plusieurs épices, gomasio (sel marin et graines de sésame grillées), poivre noir, curry, curcuma, cumin, paprika, harissa en poudre, ras-el-hanout, etc. N'oubliez pas de bien varier les couleurs ou de les mélanger, ça donne de l'appétit visuel ! Plus un acide (citron, vinaigre…) et cannelle pour la glycémie

– Le féculent de votre choix, pomme de terre à chair ferme en chemise si possible, riz semi ou complet ou basmati, car son index glycémique est bas aussi, pâtes semi ou complètes,

boulgour, couscous, quinoa, millet, etc. Mais de grâce, donnez du peps à vos féculents avec un peu d'huile d'olive, ou d'autres huiles de 1re pression à froid, des herbes fraîches, même un peu de beurre frais au lait cru, un peu de fromage râpé, etc. Soigner sa ligne en ayant l'impression de manger de la terre, c'est vraiment con et pas du tout valorisant.

– Le dessert qui vous donnera du plaisir en fin de repas : mousse au chocolat noir sans sucres ni crème fraîche (mais pas trop souvent !), une compote de pommes sans sucres ajoutés, une marmelade de rhubarbe ou de prunes ou de reine-claude en saison, un pudding à la vanille naturelle fait maison (voir recette plus bas), etc.

– De l'eau et encore de l'eau

La collation de l'après-midi vers 16 h 30-17 h

Une portion est classiquement de 80 g… Il est préférable d'associer bonnes graisses et sucre ou sucre et protéine, exemple banane avec crème soja ou un fruit avec oléagineux. Mais aussi, pomme, poire, orange, mandarine, clémentine, fraise, framboise, mûre, cassis, banane, kiwi et autres fruits de saison, même s'ils sont moins locaux, personne n'est parfait ! Et un thé vert.

Le repas du soir

– Une belle salade de saison à volonté avec olives, tomates en saison ou séchées hors saison, concombre, des cubes de feta, ou de fromage à pâte ferme au lait cru, ou des lanières de jambon de Parme, ou toute autre viande ou poisson comme du saumon fumé, des filets de maquereau au naturel, du thon au naturel, etc. Vinaigrette maison au fruit de saison (voir recette dans ce livre).

– Des lentilles vertes aux légumes et le tout confit avec épices et huile d'olive.

– Des pâtes complètes sans viande, mais avec plein de légumes frais et une bonne sauce tomate maison avec assez bien d'ail frais ! Pas de fromage râpé, sauf un peu de vrai parmesan râpé très finement d'au moins 24 mois d'affinement !

– Un véritable cassoulet avec des haricots lingots sans les charcuteries très grasses habituelles, remplacé par des légumes de saison, comme il n'y a pas de cassoulet sans viande, on va s'autoriser des lardons de chez nous fumés à l'Ardennaise, juste les colorer à la poêle et les incorporer au reste en fin de cuisson

– À vous d'adapter ce repas du soir en fonction de vos goûts et de la saison, il faut juste retenir que ce repas ne devra pas être trop lourd pour être « zen » toute la soirée...

– Un ou deux bons verres de vin rouge de qualité et sans excès, mais il n'y a pas d'obligation

Remarque importante : vous pouvez intervertir le repas de midi et celui du soir en fonction de votre profession, si vous êtes au travail le midi, ce serait compliqué de cuisiner.

Par contre le sandwich, la frite-mayo, le taco, la mitraillette, le durum, le kebab copieusement garni, la pita, la pizza bien grasse et tout le reste, vaut mieux oublier. À part une fois par mois au foot ! Penser aussi à utiliser les restes de la veille au repas du soir pour le midi.

Le pain et ses dérives Il y a encore de bonnes tartines à garnir pour nos enfants ?

Saveurs et traditions, fabrication artisanale, le goût du pain retrouvé, et même un calendrier, avec la photo d'une baguette industrielle accompagnée d'une demoiselle nue. Tout est possible pour vous faire consommer du pain industriel léger et croustillant. Ou le pain blanc mie en sachet plastique de la grande distribution façon USA.

Comme dans toutes les belles histoires, cela ne dure qu'un temps ou qu'un jour. Si ce pain n'est pas mangé dans la journée soit il sera très sec, soit il sera mou comme de la pâte à modeler. En réalité, ces pains sont améliorés avec des produits qui n'ont en principe rien à faire dans les ingrédients de celui-ci.

Le pain est composé d'une farine de qualité de préférence complète, moulue sur pierre avec un bon pourcentage de son, de l'eau de source, du levain naturel, une pointe de sel marin et BASTA.

Un vrai pain doit avoir de la matière, de la mie un peu serrée avec de belles petites bulles. Une croûte bien craquante qui chante sous la pression du doigt et lorsqu'on le coupe il doit dégager une odeur légère de levure naturelle sans excès. Le bonheur ultime !

Acheter son pain dans les stations-service est devenu une nouvelle habitude incroyable. De même pour le pain mie sous plastique de marque française ou américaine trop connue. C'est une pratique courante dans les grandes surfaces.

Il faut reconnaître que bon nombre de boulangers sont passés à la facilité en utilisant ce que propose l'industrie agroalimentaire pour leur simplifier la vie « professionnelle ».

Des farines originaires de blés à très haut rendement de cultures intensives. Elles sont si raffinées qu'elles sont dépourvues de valeurs nutritives que peut apporter l'écorce des grains. Il faut donc compenser par des améliorants dont la Province du Brabant Flamand peut se vanter d'avoir l'usine la plus performante en la matière. Elle livre ses produits dans le monde entier.

Certaines boulangeries et surtout les grandes surfaces proposent de la cuisson permanente de pain surgelé prêt à cuire originaire de Pologne ou d'autres contrées lointaines !

Il ne faut pas se moquer des vrais professionnels. Ils travaillent comme des dingues avec des horaires bien pires que celui d'un restaurateur dont je connais parfaitement les coulisses.

Le bon pain demande un certain temps de préparation, différents temps de pousse et un travail physique considérable. Il y a encore de ces boulangers qui travaillent pour votre plaisir, pour le leur et moins pour leur portefeuille que pour le vôtre.

Chercher, regarder, observer, rien qu'en voyant la vitrine d'un boulanger, en posant les bonnes questions à la personne qui se trouve dans le comptoir vous pourrez vous faire une idée de la méthode de travail qui est en pratique sur place.

Il doit y avoir 20 % de boulangers qui font du pain exceptionnel, il suffit de les trouver et de les encourager en achetant leurs produits tout en payant plus cher que chez les autres.

Faites l'expérience de peser le vrai pain artisanal et le pain qui ne l'est pas, pour un même volume vous serez étonnés de lire le poids réel de chaque pain. Finalement, avec l'air qu'il contient, le pain industriel ne serait-il pas plus cher que l'artisanal ?

Mes dernières expériences de retraité m'ont permis, entre autres, de travailler comme « livreur » de pain et autres « pâtisseries ». Ce fut de très courte durée, il m'a fallu deux jours, ou plutôt de deux nuits, pour comprendre le fonctionnement d'une boulangerie-pâtisserie dite « artisanale ». C'est écrit en très grand sur la façade de la boutique mère, avec l'argument très publicitaire du goût retrouvé et d'une santé assurée !

Je suis très tolérant en général, mais là, c'est plus fort que moi et cette expérience m'a permis de constater plusieurs choses très dérangeantes. Voyant le succès fou de cet établissement renommé, ces deux nuits m'ont permis de comprendre la réalité et surtout la belle tromperie sur l'appellation artisanale.

Dès 4 ou 5 h la nuit, tous les croissants, pain au chocolat et autres viennoiseries issues d'une fabrication industrielle très connue par 80 % des soi-disant pâtissiers, sortent d'un grand congélateur, sont cuits puis refroidis sur d'énormes chariots qui entrent et sortent des fours durant ce laps de temps. En les prenant en main pour préparer les différentes commandes, une abominable matière grasse vous recouvre les mains immédiatement et c'est pareil pour tous les produits.

Si les croissants qui sont super gonflés sont encore tièdes, pas de chance, ils vont se plier ou s'écraser rien qu'en les posant dans le panier de livraison. Et que dire des petits pains tellement légers que si vous en jetez un en l'air, il ne va pas retomber tant il est bourré d'air et d'améliorants !

Je ne suis pas resté plus de deux nuits dans cette fonction. Le « chef » boulanger-pâtissier était plutôt un mec que je qualifierai de spécial, mais ça reste mon avis. Apparemment, pour le patron, il convenait parfaitement à cette fonction.

Et que dire des produits surgelés de type cakes ou gâteaux qui sont décorés last minute avec des gelées et autres laquages industriels qui sortent d'un pistolet branché sur un tonneau en inoxydable. Avec une garantie 100 % hygiénique certifiée par la sécurité alimentaire officielle !

Je pourrais encore m'éterniser longuement sur le sujet, en écrivant par exemple sur la provenance des composants des « farces » qui composent les sandwiches garnis vendus à la pelle sur le temps de midi. Exemple, ce blanc de poulet fermier arrivé tout droit de poulets de batterie, etc. Je préfère en rester là et vous laisser avec votre conscience d'acheter ou non dans ce genre de boulangerie-pâtisserie ARTISANALE !

En réalité, c'est exactement comme les sandwiches et autres saloperies vendues sous plastique dans les frigos ouverts de grandes surfaces, des stations d'essence et autres librairies. Y a que le décor qui change !

Que dire des établissements appelés « snacks » ? Ils font des sandwiches avec de la baguette blanche industrielle congelée et cuite sur place. Ou des baguettes tout aussi blanches et de mauvaise qualité, qui viennent de chez le « boulanger » du quartier. Comme ça on a bonne conscience vis-à-vis du client. Il vient acheter son sandwich au thon-ketchup et un volaille-curry avec des farces qui sortent d'une boîte venue en direct d'une usine à surimi de Belgique ou de plus loin !

Pour en terminer avec ce sujet, il est très important de savoir qu'aujourd'hui, pratiquement plus personne ne prend ses *« tartines »* pour aller au travail. Voilà pourquoi sur le temps de midi, ces établissements ainsi que les friteries qui vendent aussi 80 % de ces produits industriels, font le plein, mais à quel prix et pour quelle qualité ?

Tout cela en opposition à ce que les gens pourraient faire en dix minutes la veille chez eux. Préparer ses tartines ou sa baguette, cela au lieu de regarder *« Télé Couille »* devant leur écran, qu'il soit télévisuel, sous forme de tablette ou de téléphone !

Voici une façon de faire du bon pain une fois par semaine en compagnie de ses enfants

Comment faire son levain naturel ?

Version extraite du livre incontournable d'Eric Kayser, ***« Le Larousse du Pain »*** aux éditions Larousse-Cuisine parut en 2013. Dans ce livre se trouvent également de merveilleuses recettes de pains au levain maison.

Pour 250 g environ de levain liquide : mais on peut prévoir le double !

– 70 g de farine de seigle bio type 130
– 120 g d'eau de source à 20 °C
– 5 g de miel de fleur liquide très parfumé ou de sirop d'orgeat local bio
– 50 g de farine de blé de froment bio type 65

Le 1er jour. Dans un bol, mélanger à la spatule 10 g de farine de seigle avec 10 g d'eau de source et ajouter 2,5 g de miel liquide. Couvrir d'un linge et laisser 24 heures à température ambiante. Mélanger à nouveau si le levain « croûte ».

Le 2e jour. Des bulles se sont formées à la surface. Dans un récipient plus grand, mélanger 20 g de farine de seigle, 20 g d'eau de source et 2,5 g de miel liquide. Y incorporer la préparation précédente. Cette opération s'appelle « rafraîchir le levain ». Recouvrir d'un linge et laisser fermenter 24 heures.

Le 3e jour. Le mélange « bulle » et travaille. Dans un récipient plus grand encore, mélanger 40 g de farine de seigle et 40 g d'eau de source. Y incorporer la préparation précédente. Recouvrir d'un linge et laisser fermenter 24 heures.

Le 4e jour. Ajouter 50 g de farine de blé de froment et 50 g d'eau de source et mélanger. Votre levain dit de « tout point » est prêt à l'emploi. Il a la consistance d'une pâte à crêpes épaisse. Le conserver au frigo dans un bocal en verre muni d'un couvercle en verre également, sans le joint en caoutchouc, type bocal à stériliser (Le Parfait ou Weck) pour faire votre pain dont voici la recette…

Une fabrication du pain au levain naturel

Le premier jour

1. À 9 h, prendre 250 g de levain qui est au frais, le déposer dans un saladier en bois, en inox ou en verre (moi, c'est en bois d'olivier !), ajouter 60 g d'eau de source à T° ambiante, puis 100 g de farine de seigle type 130, bien mélanger le tout et laisser reposer jusque 21 h, recouvert d'un essuie bien humecté.
2. À 21 h, dans les 410 g de levain, ajouter 240 g d'eau de source à T° ambiante, puis 400 g de farine de seigle type 130 et laisser de nouveau au repos jusque 9 h le lendemain matin à couvert comme précédemment.

Le lendemain

1. À 9 h, mettre le levain « rafraîchi » dans la cuve d'un batteur électrique ou dans un grand récipient si ce sera fait à la main. Préparer dans un poêlon 720 g d'eau de source à 25° et 26 g de sel de mer précisément très bien dissous au fouet, utiliser un thermomètre de contrôle, puis verser sur le levain, bien

mélanger, ajouter 1 200 g de farine de froment type 65, 70 ou 80 suivant votre goût ou un mélange de 400 g de farine d'épeautre avec 800 g de farine de froment type 65, mélanger de nouveau pour obtenir une pâte bien lisse et homogène.

2. Travailler cette pâte juste pour en faire une grosse boule, la remettre dans le saladier adéquat dans lequel il y a **un essuie sec posé sur le fond**, rabattre les bords vers le centre, couvrir d'un essuie humide et laisser reposer 2 heures à T° ambiante.

3. Sortir la pâte en la saisissant à l'aide de l'essuie de fond et placer celui-ci sur le plan de travail, étendre la pâte en un grand rectangle avec le bout des doigts, ça forme logiquement des trous dans la pâte, sur la longueur de l'essuie, rabattre en portefeuille en pliant avec l'essuie sec de chaque côté. Faire une deuxième fois l'opération avec le bout des doigts et pliage en portefeuille, remettre la pâte à l'aide de l'essuie sec dans le saladier et laisser reposer 20 minutes, couvert de l'essuie humide.

4. Faire exactement la même chose une seconde fois.

5. Poser la pâte sur le plan de travail légèrement fariné en retirant l'essuie sec et couper 250 g de cette pâte, la mettre dans un bocal non hermétique pour la prochaine production de pain, puis placer le bocal au frigo.

6. Peser la boule de pâte restante et la diviser en 4 pâtons du même poids, donner la forme souhaitée en étalant chaque pâton du bout des doigts puis rabattre en portefeuille, faire tourner la pâte avec l'intérieur de la main pour lui donner la forme souhaitée, longue ou ronde.

7. Fariner largement 4 bannetons longs ou ronds et y déposer la pâte avec la « soudure » vers le haut, les couvrir d'un essuie-humide et laisser reposer au moins 2 h à T° ambiante.

8. Préchauffer le four à 230° avec un bac vide pouvant contenir de l'eau dans le fond du four ou utiliser la fonction cuisson du pain de votre four muni d'une fonction vapeur.

Retourner les pâtons sur une plaque farinée ou sur une plaque recouverte d'un tapis de cuisson, lamer en croix ou d'une autre façon avec une lame de rasoir ou avec une lame prévue à cet effet en creusant un sillon **de 1 cm** de profondeur. Ajouter 1 litre d'eau chaude dans le bac qui est dans le fond du four, mettre rapidement la plaque avec les 4 pâtons dans le four, fermer la porte, redescendre la T° de celui-ci à 210 °C, puis à 180 °C à mi-cuisson. Cuire entre 40 et 50 minutes, la seule façon de voir si le pain est cuit est d'en saisir un et de frapper sur le dessous comme on toque à une porte, le bruit doit sonner creux…

Remarque très importante, cette version de fabrication du pain est relativement courte en temps, disons que c'est pour les gens qui prétendent ne pas avoir le temps de faire leur propre pain.

Il y a la version que je préfère, que je réalise chaque semaine. Celle de **Jean-Claude Lejeune** (Comment cuire du pain dans un four à bois) à voir sur YouTube. Il fait cela dans son four Le Panyol fabriqué à Tain-l'Hermitage. Il y a les conseils incontournables **de Roland Feuillas** le créateur de ***« Les Maîtres de mon Moulin »*** à Cucugnan dans le sud du département de l'Aude en Occitanie. C'est indispensable et obligatoire d'aller voir son site.

Si après cela, vous ne voulez pas faire votre pain maison, c'est votre droit le plus strict. Mais ne vous plaignez plus du prix exorbitant du pain truffé d'air que vous achetez chez le boulanger du village ou de votre quartier. Là, vous payez cher pour de l'air. Il est pourtant écrit en grand sur la vitrine : « Boulangerie Artisanale. » Artisanale, mon œil ! Allez, bon courage et bon pain !

Bon appétit !

Je ne résiste pas à vous faire part de ce qu'en pense Jean Galler, le créateur de Chez Blanche qui fait de délicieux pains au levain naturel chaque jour.

Dans notre désir d'aller toujours plus loin dans la qualité, la tradition et le goût, nous travaillons à présent certains « blés anciens ».

Avec la création de l'agriculture conventionnelle de l'après-guerre, les semenciers ont sélectionné des variétés de blés « améliorés » par croisement.

Ils ont obtenu des plants solides, résistants aux maladies, très productifs et plus faciles à cultiver.

Mais dans ces transformations, la santé de la plante et celle du consommateur ont été oubliées.

Le goût et les spécificités de terroirs ont également été mis au second rang.

Aujourd'hui, la majorité des pains sont fabriqués à partir de blés modernes, et quasi toujours avec un travail intensif et rapide de la pâte. Ces farines de blés anciens sont très rares, très chères et difficiles à travailler.

Les blés anciens n'ont PAS subi cette transformation pour l'industrie agro-alimentaire.

Ils sont plus digestes, leur qualité nutritionnelle est supérieure et ils révèlent la spécificité de leurs terroirs.

Les autres farines que nous utilisons sont toujours de la plus grande qualité. Nous les choisissons dans de petits moulins de Belgique, de France et de Sicile, chez des petits cultivateurs qui respectent la terre et le blé, qui travaillent en bio. Des farines moulues sur pierre, sans améliorant.

Nos pains sont tous fabriqués à la main de manière ancestrale.

Jean Galler

Enseigner, quel beau métier, surtout chez les petits enfants !

Ce matin comme tous les autres, je termine la lecture matinale de mon journal par la dernière page, avec le dessin toujours bien foutu de Sandron, l'édito du jour et surtout l'avis des lecteurs.

C'est ce dernier qui attire mon attention, car depuis quelques jours, il y a au centre de ma gazette, un supplément appelé « Le CEB, comme si vous y étiez ». Hier les mathématiques et aujourd'hui le français.

Vous appellerez cela comme vous voulez, mais moi, j'appelle cela de l'assistanat de grand niveau !

Et donc, en cette dernière page numéro 48, voici le témoignage d'une institutrice qui, après plus de quarante années, cessera d'enseigner fin juin et qui s'interroge sur le sens du devoir accompli. Un témoignage que je trouve d'une grande justesse.

J'ai toujours l'impression que j'ai une guerre en retard, que je n'ai pas réussi à motiver mes « troupes », que mon métier s'éloigne de plus en plus du sens premier du mot « enseignement » et verse de plus en plus dans l'accompagnement thérapeutique de jeunes déboussolés par l'effondrement de nos valeurs. Quand j'ai commencé, j'avais l'impression d'être un « coach sportif » qui entraînait ses équipes à aller de l'avant en donnant le meilleur d'eux-mêmes. Aujourd'hui, j'ai l'impression de travailler dans un centre de revalidation où de moins en moins d'élèves ont suffisamment d'autonomie pour tenir tout seuls sur leurs deux pieds ! J'adorais leur apprendre à courir... Aujourd'hui, c'est déjà une victoire quand les ¾ d'une classe se mettent juste debout, en équilibre précaire sur les « compétences socles », avec ¼ d'élèves qui restent par terre avec le consentement tacite de leurs géniteurs... et l'obligation pour nous de leur laisser croire, en toute « bienveillance », qu'ils ont réussi ! Et donc, c'est à mon tour maintenant de m'asseoir.

Vous en penserez ce que vous voulez, mais moi, je confirme la chose en vous donnant mon avis perso et peut-être certaines solutions !

Comme dit précédemment, ne retournons pas en arrière, mais servons-nous de l'expérience du passé sans tomber dans un fatalisme excessif. Allons-y d'un question/réponse, en commençant par le début de l'assistanat, dès notre naissance !

1. ***Ma maman, mon épouse et beaucoup d'autres femmes, ont travaillé jusqu'au bout de leurs possibilités lors de leurs grossesses, surtout en étant indépendantes ou épouses d'indépendant. Mon frère, ma sœur, leurs enfants et mes enfants sont tous en très bonne santé, aucun problème de santé important. Et de nos jours ?*** *Eh bien, de nos jours je me trompe peut-être, mais j'ai l'impression qu'on retrouve cet assistanat qui veut que tout soit réglé, qu'il n'y ait plus de surprises, plus d'improvisation, tout est réglé comme du papier à musique et y a qu'à suivre le mouvement. Sauf pour certaines femmes qui ont* *compris que la pilule aux hormones leur était néfaste plutôt que donner naissance dans une usine à bébés, c'est peut-être moins marrant qu'à la maison avec une sage-femme professionnelle qui sera équipée des pieds à la tête, des produits pour bébé, non « sponsorisés » par une multinationale très connue, qui fait la pub à la télé pour vendre sa camelote, etc. À méditer bien sûr !*

2. **De mon temps (oh que je n'aime pas cette expression !), on nous obligeait à boire une boisson lactée naturelle, sucrée ou non et chocolatée si on le désirait, à la récréation, mais maintenant, c'est fini tout cela ?** *Que nenni, il y a encore énormément de parents qui gavent leurs enfants de saloperies achetées en grande quantité au supermarché du coin. Heureusement, depuis plusieurs années, certaines écoles interdisent ce genre de collation, mais elles proposent d'autres saloperies industrielles vendues par les enfants au profit du denier scolaire de l'école. Bin oui, ça change tout ! Merci, l'éducation de nos bambins. Trêve de plaisanterie, d'autres établissements, tant du communal que de l'enseignement privé, interdisent formellement tout cela et proposent des collations bien plus saines et enrichissantes pour nos progénitures. Potage collation, alimentation saine et de saison, même les cantines s'y mettent et je n'ai pas assez de mes deux mains pour les applaudir tant c'est devenu vital de nos jours. Ça, c'est du très bon assistanat !*

3. **Nos enfants ont-ils plus d'activités que nous lorsque nous étions enfants ou adolescents ?** *Ah là, y a pas photo, c'est devenu un véritable casse-tête pour les parents. Mais aussi pour les grands-parents comme nous, même si à notre âge, et vu notre situation très privilégiée, cela demeure un très grand plaisir. Il y a deux raisons à cela, d'abord pour aider nos enfants qui, devenus adultes, en ont bien besoin tant ils travaillent tous avec des obligations de plus en plus contraignantes, mais surtout pour le plaisir de voir nos petits bouts et de les cajoler à fond ! À chacun son tour d'assister positivement !*

Avançons, mais soyons vigilants et retrouvons un peu de civisme, ça ne pourra pas nous faire du tort ! Sus à l'assistanat « politique », plutôt à gauche qu'à droite, que nous vivons depuis plus de 50 ans et qui veut rendre les gens inertes, les bras ballants en permanence et avec des ambitions zéro !

On se plaint continuellement, ça ne prend que rarement des initiatives et in fine, lors des élections, on prend les mêmes et on recommence ! Bin oui, pourquoi changer une équipe qui gagne ? Les loups ne se mangent pas entre eux !

Voici des solutions pratiques au quotidien

Il me semble logique de vous proposer quelques exemples de substitution de certaines préparations dont nous gave plus que jamais l'agroalimentaire industriel.

Je citerai le nom d'un mets ou d'une recette, suivi de ma solution que je qualifierai de plus locale, durable et de saison… Mais chacun fait ce qu'il veut chez lui, quoique…

Les frites surgelées

Laver et ne pas peler des pommes de terre pour frites (Agria ou Désirée), les couper en frites régulières de 2 cm de côté, les laver de nouveau, bien les sécher sur un linge et les pocher a la friture à 140 °C maximum. Elles doivent être cuites, mais non colorées. Pour le savoir, il suffit d'en goûter une. Au moment du service, préchauffer la friture à 190 °C et y plonger les frites pour obtenir une belle coloration, bien les secouer avec le panier de cuisson et les verser dans un plat sur lequel il y a deux couches de papier absorbant. Saler légèrement et sauter les frites pour bien mélanger le tout, servir de suite.

Les puddings industriels aux goûts et colorants artificiels

Faire chauffer ¾ de litre de lait cru avec 1 bâton de vanille naturelle fendu sur la longueur, dès l'ébullition, arrêter la cuisson et laisser infuser à couvert durant 10 minutes. Gratter la vanille pour en extraire toutes les petites graines noires, et remettre tout dans le lait.

Dans un bol, mettre 150 g de sucre fin de canne, 250 g de lait cru et y ajouter 80 g de fécule de maïs bio, bien mélanger. Verser ce mélange dans le lait chaud en fouettant énergiquement pour éviter les grumeaux. Remettre sur le feu et faire cuire durant 3 à 4 minutes en fouettant toujours, verser dans des bols individuels et laisser refroidir avant de les mettre au frigo.

Le recette est la même avec 120 g de chocolat noir 70 %, positionnée dans le lait chaud à la place de la vanille.

Si vous souhaitez cette crème plus épaisse, il faut juste augmenter la quantité de fécule de maïs.

Les fonds en poudre ou en pâte

Depuis plusieurs années, je ne fais plus de fonds, mais des jus de viande qui sont réalisés avec de bas morceaux de veau, de bœuf, d'agneau, de porc, de volaille ou de gibier en saison.

Il faut acheter le moins cher de chaque viande, jarret, civet, blanquettes, carbonnade, ailerons de volaille, etc.

Mettre 1 kg de viande coupée en très petits cubes de 2 cm dans une casserole avec un peu d'huile d'olive très chaude, colorer la viande au maximum pour qu'elle caramélise. Ajouter 300 g de légumes émincés (oignon, carotte et céleri vert), 1/2 tête d'ail non pelée, une feuille de laurier et un brin de thym frais. Colorer de nouveau l'ensemble et mouiller avec de l'eau froide quelques centimètres au-dessus du niveau des morceaux. Bien déglacer le fond du récipient et porter à ébullition, écumer et laisser frémir très lentement sans couvercle durant 1 heure.

Passer au chinois et laisser refroidir, dégraisser la surface si nécessaire et mettre au frigo.

Les jus de viandes, de poissons ou de légumes concentrés, en laissant réduire au maximum à petit feu après filtration, pourront être versés dans des bacs à glaçons et placés au congélateur. Ensuite, les démouler et les mettre en sachets par sorte au congélateur, vous aurez ainsi des jus en réserve pour chaque préparation.

Du gras et du sucre dans tout, mais non…

La choucroute peut cuire sans matière grasse, le vin et un peu d'eau suffiront largement. De plus, la viande cuite ou réchauffée, à part dans une autre casserole, la rendra plus digeste sans les graisses fondantes des différentes salaisons.

La compote de pommes cuira avec un petit filet d'eau, un bâton de cannelle et sans sucre ajouté.

Il n'est pas nécessaire de faire suer les légumes dans du beurre pour faire un potage, l'eau et les légumes suffiront largement et si vos légumes viennent du potager ou sont bio, ne surtout pas ajouter un cube au goût de viande, ce n'est pas du tout utile.

Ne jamais mettre de l'huile d'olive dans l'eau de cuisson des pâtes, c'est une hérésie totale, il faut juste prévoir 4 fois le volume d'eau par rapport au poids des pâtes. Le sel sera ajouté à l'eau juste avant de jeter les pâtes dans la casserole.

S'il y a bien une industrie qui camoufle de plus en plus et très subtilement les sucres, c'est l'agroalimentaire. Les sucres « cachés » se retrouvent partout et avec le temps, on en devient adepte de façon non contrôlée pour le quidam ! C'est une sorte d'addiction incontournable et de plus, le fabricant fait de gros bénéfices « cachés » également : 1 kg de viande = entre 5 et 15 €/kg, le sucre industriel en vrac = environ à 0,90 €/kg, le calcul est inégal…

L'addiction, dépendance, ou assuétude, est l'envie répétée et irrépressible de faire ou de consommer quelque chose en dépit de la motivation et des efforts du sujet pour s'y soustraire.

Trop de sel en général ?

Le sel peut être remplacé dans certaines préparations par du tamari, c'est de la sauce soja fermentée, cela se vend dans les magasins bio et les épiceries fines.

Dans les salades et crudités, de l'huile de noisette ou de noix et des fruits secs concassés et torréfiés permettent de limiter la quantité de sel. De toute façon, quoi qu'il en soit, il est vraiment nécessaire de diminuer le sel industriel au maximum et de préférer les sels de qualité de type Guérande et fleur de sel 100 % naturelle. Il y en a déjà beaucoup trop dans les produits finis comme les plats cuisinés, les potages en boîte, ou autres cubes de bouillon de toutes sortes, très connus, mais complètement inutiles si vous utilisez des produits de votre potager ou de culture biologique, des viandes locales nourries naturellement.

Vos aliments font de la rétention d'eau à la cuisson ?

C'est une des clés de mon succès en cuisine de collectivité, car le prix de chaque produit est calculé au plus bas possible pour obtenir un coût minimum sur la facture.

Seulement, voilà, autant pour le particulier que pour la restauration hors foyer, une réflexion s'impose d'office. Quel sera le prix réel d'un produit cru lorsqu'il sera cuisiné ?

La réponse est ce qu'il y a de plus logique, mais les personnes qui ne sont pas attentives, ou qui ne se doutent de rien, en font les frais au quotidien. De nos jours et plus que jamais, avec tous les prix qui flambent, surtout celui des énergies dont on ne peut plus se passer, les rois de la malbouffe ont très bien compris qui sont les pigeons dans l'histoire !

Trois exemples suffiront largement pour vous expliquer le bluff de l'alimentation de masse :

1. J'ai fait récemment l'essai comparatif entre 500 g de lard achetés en boucherie de grande surface et la même quantité achetée dans le magasin bio du coin. J'ai coupé le tout séparément en lardons de ½ cm, car c'était pour ajouter à une Waliflette (tartiflette en France). Stupéfaction pendant et après coloration des lardons. Le conventionnel a « pissé » l'eau dès le début de cuisson, si bien que mes lardons n'ont pas coloré, car ils baignaient dans un liquide blanchâtre, j'ai dû sortir les lardons avec une écumoire, bien les égoutter, récupérer ce jus blanc dans un pichet gradué et remettre les lardons dans la poêle sèche afin de les colorer. Les autres 500 g de lardons ont commencé à colorer dès le contact avec la poêle chaude et pas la moindre trace d'eau n'est apparue. Les lardons ont caramélisé rapidement et à part un peu de gras, mes lardons étaient magnifiques et croustillants. Observation : dans le premier cas, le lard coûtait 14,60 €/kg, mais j'ai perdu 100 g d'eau lors de la cuisson (valeur 2,92/kg !), de plus j'ai consommé plus d'énergie en temps de cuisson et en temps de travail pour séparer l'eau des lardons (valeur 0,70 €/kg), soit ***18,22 €/kg*** au final. Le lard bio a coûté ***18,78 €/kg***, le calcul est très vite fait, car en plus de la technique de cuisson, le goût des lardons bio et celui de la grande surface sont incomparables en saveur finale ! Le compte est bon.

2. Lorsque j'ai commencé à cuisiner en collectivité, j'ai d'abord remplacé les potages en poudre par de vrais potages faits avec des légumes frais conventionnels venant du marché de Droixhe à Liège. La qualité était déjà très différente et perceptible, puis j'ai décidé de passer aux légumes bio. Avec le temps, je me suis rendu compte que pour une douche (casserole fixée au sol) de

100 litres de potage, il fallait environ 45 kg de légumes frais bio. Or pour la même quantité de potage fini, auparavant il me fallait environ 55 kg de légumes frais conventionnels. De nouveau un combat très égal au final ! Comme disait souvent mon Papa, le cher est souvent le bon marché… Et c'est la même chose pour le portefeuille de la ménagère.

3. Dernier exemple très concret, la cuisson de votre steak. Imaginez deux steaks de 160 g. Un de race locale en version intensive BBB des plus classiques (acheté en grande surface c'est mieux !) et un autre du même poids de Blonde d'Aquitaine bio de chez mon ami Henri Paques ou chez un autre producteur de viande respectueux de son travail. Préchauffer votre four en chaleur tournante à 85 °C. Mettre deux petites poêles à chauffer avec un peu de beurre clarifié ou d'huile d'olive, lorsque la matière grasse est très chaude, saler et poivrer la viande sur chaque face très rapidement. Les mettre chacun dans une poêle et UNIQUEMENT saisir très vite de chaque côté avec forte coloration. Placer les deux poêles dans le four et bien repérer où se trouve chaque viande. Laisser 20 minutes au four, puis observer lequel des deux a fait de la rétention d'eau et surtout, peser chacun des morceaux pour voir s'il y a une différence de poids après cuisson… CQFD !

Les pommes de terre « cuites pour la collectivité » ah bon ?

Je connaissais déjà les produits de ce type pour en avoir acheté lors du tournage du film « Les Artisans du Changement ». Le réalisateur souhaitait filmer quelques exemples d'aliments existant dans le commerce des grossistes de la restauration de collectivité pour les comparer à ce que j'achetais au quotidien pour mon restaurant.

Voici ce qu'il y avait sur la table filmée par Christian le caméraman :

– De la mousse au chocolat finie en poche de 1,5 kg et il était écrit ceci sur l'emballage : *contient les allergènes suivants : cacao, œuf de poule, sulfite, viande de porc, vanilline, saccharose, fructose, protéines de lait, lait/lactose, soja, sans oublier le E suivi d'un nombre à 3 chiffres !* La mousse au chocolat que nous faisions pour environ 250 portions comprenait ceci : *chocolat noir 70 %, blanc d'œuf bio, crème bio et très peu de sucre fin de canne bio, basta !*

– De la viande *« en tube »* plastifiée et reconstituée appelée *« Le Gourmet »,* en voici la composition affichée, sans compter le plasma sanguin qui y est peut-être ajouté lors du mélange ! *Réalisé à partir de viande de 1re qualité, le Gourmet est un produit résolument innovant qui fait les délices des amateurs de viande. Subtilement pré-épicées, mises en forme en boyau artificiel, ces pièces de viande tendres et pauvres en matière grasse sont d'un rapport qualité/prix imbattable. D'un grammage constant, facile à découper, le Gourmet est disponible frais ou surgelé, en boyaux en plastique ou en portions consommateur.* Il m'est indispensable de vous signaler que des lignes sont indiquées sur le tube en plastique afin que le « Chef » comprenne bien où il faut couper pour obtenir des morceaux réguliers et au poids calibré ! Cela au cas où le « Chef » serait trop con pour couper sa viande régulièrement !!! Et aussi d'imaginer que les viandes utilisées étant des bas morceaux, dont les clients ne veulent plus, étaient additionnées de poudre de perlimpinpin, pourquoi pas ? Ah oui, dernière chose, après cuisson, il n'y a pas besoin de couteau pour détacher les morceaux de viande reconstituée. Et si vous la cuisez trop, elle sera plus sèche qu'une viande classique trop cuite !

– Il y avait aussi, et bien évidemment, les pommes de terre sous-vide cuites et prêtes à l'emploi. Sauf que les concepteurs de ce produit cuit vapeur avaient imaginé qu'un cuisinier consciencieux allait ouvrir le sac, laisser le jus puant qui en sort couler dans l'évier et rincer les pommes de terre à l'eau courante avant de les rissoler ou de les couper puis de les frire. Mais non, dans un hôpital bruxellois où je faisais une première visite en consultance, les patates étaient non lavées et posées directement sur l'assiette avant d'arriver chaudes dans les chambres de patients ! Et sur le sac, qu'était-il écrit ? *Pomme de terre, eau, sel, sauf qu'il n'est écrit nulle part que ces patates sont lavées dans de l'eau contenant un certain pourcentage de produits acide industriel autorisé afin d'éviter l'oxydation naturelle de la pomme de terre. DLC, de 9 à quelques jours en plus !*

Afin de ne jamais utiliser ce genre de pommes de terre précuites et prêtes à utiliser, il suffit d'acheter des pommes de terre en fonction de votre utilisation.

Pour réaliser un gratin, des pommes de terre en robe des champs, des pommes de terre rissolées au beurre ou à l'huile d'olive et autres grenailles sautées aux aromates, il y a la Charlotte, le Jelly, l'Annabelle, la Franceline et bien d'autres. Même pour le gratin, il suffit de ne pas les peler, de bien laver les pommes de terre, de les couper en fines tranches et de monter son gratin. Pour rissoler des pommes de terre, les laver très fortement, ne pas les peler, les couper en 4 ou en 6 suivant la grosseur, les mettre dans un plat allant au four dans lequel il y aura une bonne dose d'huile d'olive, du thym, du laurier, du romarin et des gousses d'ail en chemise. Enfourner à 180 °C et retourner régulièrement durant 15 minutes, ensuite diminuer la température à 120 °C durant encore ½ heure et le résultat sera très étonnant ! Si vous avez un four combi vapeur de type AEG ou autre, choisissez la fonction vapeur alternée ou celle qui vous donne 25 % de vapeur en continu. Le résultat sera encore meilleur après 30 minutes de cuisson à 180 °C.

Viandes, poissons et tout le reste industriels à la cantine, et à la maison ?

Qui n'a jamais vu la pub pour Capitaine chose à la télé, qui vous montre un poisson super blanc (un peu comme le pub pour les dents blanches !) avec une croûte bien brune et croustillante à souhait ! On en mangerait !

En fait, c'est du poisson reconstitué et blanchi artificiellement. Cuisez un beau morceau de poisson blanc (cabillaud, skrei, lieu jaune ou noir, sole, lotte, St-Pierre, turbot, barbue, sandre, etc.) à la poêle et jamais il ne sera blanc dentifrice comme dans la pub ! Alors, si vous voyiez les différents catalogues promotionnels proposés par ces marchands de prêt-à-porter culinaire comme je les appelle et dont je ne citerai pas les noms tant il y en a, vous vous demanderiez si cela est possible.

Eh oui, c'est le cas de 75 % de la restauration hors foyer en Belgique. C'est très facile à utiliser pour le « cuisinier » qui n'en est plus un. Il devient juste un assembleur et un « réchauffeur » de produits surgelés ou frais suivant les circonstances !

Soyez juste observateur et voyez les gros camions de 15 tonnes qui stationnent durant ½ h devant un hôpital, une maison de retraite, une crèche, une entreprise, une école, etc. Ils y déchargent le contenu de leur catalogue et se donnent bonne conscience en livrant aussi un peu de produits frais et même du bio pour collectivité… Là, vous aurez tout compris !

Pour ne pas créer la polémique, en voici une liste de base, mais il en existe bien plus, mais on ne vous dit pas tout, moi bien…

– Poisson pané en forme de rectangle parfait

– Cordon bleu de toutes sortes

– Goujonnette de poisson en chapelure surgelé prêt à frire

– Dinde fumée reconstituée en forme de jambon cubique

– Jambon d'épaule de porc reconstituée avec 30 % d'eau autorisée par la CE !

– Pains saucisse et mini hamburgers fourrés de viande, surgelés

– Panini blanc comme de la maquée et pré marqué de lignes faites au fer bien chaud

– Salami de volaille sous tube en plastique

– Des croûtons frits (à l'huile de vidange peut-être !) en sacs de 1 kg

– Omelette surgelée (crevettes, champignons, fines herbes, etc.) y a plus qu'à laisser gonfler à l'air libre et enfourner sur plaque lubrifiée avec un spray-bouteille de 2 litres d'une matière grasse appelée « huile de cuisson » et industrielle bien sûr

– Sachets de 2 kg de purée de légumes en portions, de toutes sortes de préparations à base de pommes de terre (rosti, croquettes, duchesse, nuggets, purée, patates douces en frites, des espèces de « crottes » faites à la poche industrielle, etc.) y a qu'à choisir…

– Échalotes hachées, oseille congelée et même des dés de tomates surgelés en sachet de 2 kg pour en avoir toute l'année pour garnir les salades, bravo !

– Des mélanges d'épices pour donner du goût aux produits qui n'en ont plus

– Que dire des fonds, des potages et des sauces en poudre prêtes à utiliser en seaux de 10 kg

– Des « roux » blancs, blonds et brun en sac de 10 kg sous forme de granulés ressemblant à des croquettes pour chats et chiens… ! Et permettant de lier des sauces.

– Les baguettes blanches prêtes à cuire et les desserts « finis » surgelés

– Tous les produits laitiers de dessert en pots individuels ou en vrac

– Les pots de 3 litres de sauces tartare, cocktail, andalouse, américaine, samouraï, et bien sûr la mayonnaise en 10 litres qui coûte une fortune

– Les gros bidons en 5 litres de sauce aigre-douce, fumée, pour wok, à l'asiatique, tex-mex de chez l'oncle machin et je m'arrête, car ça me donne l'envie de… !

En finalité, si vous souhaitez avoir une bonne santé et éviter les cancers qui remplissent nos hôpitaux, mangez sain et préparez votre nourriture pour le repas du soir ou du midi. Emportez votre baguette fraîche du boulanger artisanal ou vos tartines de pain au levain pour manger le midi au travail.

Quand je vois que de nos jours pratiquement toutes les personnes qui travaillent s'arrêtent le matin dès 5 h ou 6 h devant une sandwicherie, ou une station essence pour acheter une merdouille de pain blanc farci avec un truc dont vous ne savez rien en matière de composition, mais qui a du goût bien artificiel, ça c'est sûr !

La personne derrière le comptoir n'a qu'à ouvrir les boîtes de salades toutes faites qu'elle achète chez un grossiste « local ». Là, bravo l'industrie, vous prenez drôlement de belles parts de marché, mais à chacun son truc !

Un repas à 5 € c'est possible ?

Heureux que je suis de passer à autre chose. J'ai eu le plaisir il y a quelques années de donner des formations tant aux professionnels de la cuisine qu'aux personnes précarisées dans certaines communes de Wallonie, dont les élus avaient compris qu'il y avait un problème alimentaire chez certains concitoyens.

Le but de ces formations au grand public était de proposer des recettes très simples à faire soi-même à la maison. Le budget de 5 € par personne et encore moins si possible, m'était imposé. Voici ce que cela donnait.

La pressée de maquée (fromage blanc) aux légumes acidulés

- 200 g de maquée fermière au lait cru
- Ciboulette
- ¼ de gousse d'ail
- Sel de mer et poivre noir du moulin
- ½ de grosse tomate mondée
- ½ d'aubergine
- ½ de courgette verte ronde
- 4 c à s d'huile d'olive
- 1 c à s de vinaigre de cidre
- ½ de betterave crue bicolore (Chioggia)
- Brins de ciboulette et fleurs de saison

1. Dans un bol, mélanger la maquée avec la ciboulette ciselée, l'ail haché finement, sel, poivre. Tenir de côté couvert, mais à T° ambiante.
2. Monder la tomate, la peler, la couper en 4, retirer les pépins et l'aplatir de la main, couper l'aubergine et la courgette en fines tranches à la mandoline ou à la trancheuse, les cuire 5 minutes à la vapeur avec sel et poivre juste pour les attendrir, laisser refroidir ou à défaut, cuire 2 minutes dans de l'eau salée.
3. Éponger les 3 légumes sur un papier absorbant de cuisine.
4. Mettre les 3 légumes dans un plat assez large et répartir l'huile d'olive et le vinaigre de cidre, assaisonner légèrement et laisser infuser ½ heure.

5. Dans une terrine bien huilée, alterner les couches de légumes et de maquée en commençant par les courgettes dans le fond de la terrine et terminer de préférence avec un légume.

6. Poser un film alimentaire sur la terrine et bien presser, laisser reposer au moins 2 heures au réfrigérateur, mettre 10 minutes au surgélateur avant de couper.

7. Démouler la terrine sur une planche à découpe et couper une tranche de terrine par personne, garnir de très fines tranches de betterave rouge ou chioggia, de brins de ciboulette et de fleurs de saison.

Vin conseillé : Beaujolais blanc

Fricassée de poulet aux poires de chez nous et curry léger

– 4 cuisses de poulet
– Huile d'olive
– 4 poires type Conférence ou Durondeau
– Sel de mer et poivre noir du moulin
– 60 gr d'oignon émincé
– Thym et laurier ou sauge, ou romarin suivant la saison
– 600 de pommes de terre type Charlotte ou Nicolas
– Curry en poudre

1. Couper la cuisse en 3 ou 4 morceaux, faire colorer avec sel et poivre en sauteuse, ajouter les oignons, thym, laurier ou sauge, déglacer avec un filet d'eau et cuire la volaille seule 10 minutes à couvert.

2. Couper les pommes de terre en fines rondelles avec la pelure et les ajouter dans la sauteuse, ajouter un peu d'eau pour créer de l'humidité, et poser les poires coupées par-dessus, couvrir et cuire de nouveau pour minimum ¼ d'heure.

3. Saupoudrer de curry, bien mélanger délicatement la préparation, rectifier l'assaisonnement et servir de suite.

Lentilles vertes aux aromates et aux tomates pelées

– 400 gr de lentilles vertes
– 20 gr d'oignon haché
– 1 gousse d'ail frais
– Huile d'olive
– Sel de mer et poivre noir du moulin
– Thym, laurier, sauge, romarin et autres aromates de saison
– 200 gr de tomates pelées ou fraîches en saison

1. Faire suer l'oignon avec l'huile d'olive, l'ail et tous les aromates, ajouter les lentilles, bien mélanger et mouiller de deux fois le volume d'eau.

2. Saler, poivrer et cuire à feu doux durant 15 minutes, ajouter de l'eau en cas d'absorption rapide des lentilles.

3. Ajouter la tomate pelée préalablement concassée et laisser de nouveau mijoter 20 minutes, tout en gérant de nouveau la bonne humidité de la préparation.

4. Rectifier l'assaisonnement et tenir au chaud.

Croustillant de poisson aux légumes, purée à la betterave rouge et sauce au potimarron

– 2 feuilles de brick
– Huile d'olive
– 480 gr de lieu noir
– Sel de mer et poivre noir du moulin
– 150 gr de carotte
– 150 gr de céleri en branche
– 150 gr de poireau
– 50 gr d'oignon émincé
– 700 gr de pommes de terre type Bintje, Agria ou Désirée
– 300 gr de betterave rouge
– 40 gr de beurre frais
– 200 gr de potimarron
– 40 gr d'oignon émincé
– Paprika et curcuma en poudre
– Estragon sec ou frais en saison ou gastrique maison
– Un trait de vinaigre de cidre
– Persil haché et plat pour la garniture

1. Faire suer l'oignon à l'huile d'olive avec les trois légumes émincés, carotte, céleri et poireau, tenir de côté.

2. Cuire ensemble les pommes de terre et la betterave à l'eau salée (le moins d'eau possible), égoutter, passer en purée, ajouter le beurre et assaisonner, tenir au chaud.

3. Couper le poisson en grosses aiguillettes, mettre la feuille de brick à plat, poser les 3 légumes au centre, poser le poisson dessus et l'assaisonner de sel et de poivre, rabattre les bords de la feuille et retourner sur une plaque légèrement huilée. Cuire 10 minutes au four à 160 °C.

4. Couper le potimarron en petits cubes et le cuire avec l'oignon émincé soit à la vapeur ou avec un peu d'eau à couvert, le mixer très longtemps pour obtenir une purée bien homogène, ajouter paprika, curcuma, estragon, vinaigre et persil haché, rectifier l'assaisonnement et tenir au chaud.

5. Dresser la purée en cerclage, poser le croustillant de poisson dessus et faire un cordon de sauce autour. Garnir d'une verdure.

La « waliflette » au fromage Malmedy et chapelure de pain d'épices, salade de saison

– 1 fromage Malmedy ou autre fromage au lait cru ressemblant à un Reblochon
– 500 gr de pommes de terre type Charlotte ou Nicolas
– 100 gr de lard fumé ardennais
– 2 oignons
– 1 gousse d'ail
– Sel de mer et poivre noir du moulin
– Thym frais
– Huile d'olive
– 1 dl de crème et 1 dl de bière blanche ou blonde

– Chapelure de pain d'épices
– 4 chips de jambon fumé séché au four
– 4 très fines tranches de pain d'épices séchées au four
– Persil plat haché et salade de saison vinaigrette

1. Laver, peler (facultatif) et couper les pommes de terre en très fines tranches.

2. Dans une grande sauteuse, mettre les lardons avec l'huile d'olive, l'oignon émincé finement, l'ail haché, le thym et colorer légèrement.

3. Ajouter les pommes de terre, bien mélanger et déglacer avec la bière, couvrir le temps de cuire les pommes de terre en les maintenant croquantes, ajouter sel, poivre et crème fraîche, donner un bouillon puis terminer par le fromage préalablement coupé en gros morceaux et la chapelure de pain d'épices.

4. Rectifier l'assaisonnement et ajouter le persil haché, dresser sur assiette chaude, garnir de chips de jambon, de fine tranche de pain d'épices et accompagner d'une salade de saison vinaigrette.

Le boudin blanc rôti rapidement « ciel et terre » au miel de fleur et au vinaigre de cidre

– 500 gr de boudin blanc artisanal
– 1 oignon émincé
– Huile d'olive
– 4 pommes type Elstar ou Jonagold
– Miel de fleur et vinaigre de cidre
– Sauge
– Sel de mer et poivre noir du moulin
– Quelques raisins secs
– Persil concassé

– 600 gr de pommes de terre type Charlotte ou Nicolas
– Beurre, thym frais, laurier et ail en chemise
– Tranche de pomme séchée en garniture

1. Laver les pommes de terre, les couper en quatre avec la pelure et les confire au four avec le beurre, le thym, le laurier et l'ail en chemise.

2. Enlever la peau du boudin, le couper en ½ rondelles de 1 gros cm, mettre l'huile et l'oignon dans une poêle, colorer et ajouter les pommes coupées en 8, mais avec la peau, ajouter le boudin avec un petit filet d'eau pour donner un peu de vapeur, ajouter le miel, les raisins secs, la sauge et un peu de vinaigre de cidre.

3. Terminer par le persil concassé et dresser en compagnie des pommes de terre rissolées au four, garnir d'une tranche de pomme séchée au four.

Le couscous minute à la viande d'agneau, aux légumes juste cuits, pois chiches et épices du Maroc

– 320 gr de semoule de blé dur
– Huile d'olive
– 500 gr de jarret d'agneau cuit
– 800 gr de légumes de saison
– 100 gr de pois chiches
– Ras-el-hanout, cumin et curcuma
– Bouillon de légumes ou de volaille
– Sel de mer et poivre noir du moulin

1. Tremper les pois chiches la veille dans 4 fois son volume d'eau froide et les cuire à l'eau salée.

2. Huiler et saler la semoule, verser de l'eau bouillante, bien mélanger et couvrir, donner un coup de fourchette pour détacher les particules de semoule.

3. Désosser le jarret d'agneau et le couper en fines lanières.

4. Émincer très finement les légumes choisis et tenir de côté.

5. Poêler la viande dans une huile très chaude, saler et poivrer, ajouter les légumes et cuire 1 à 2 minutes, ajouter la semoule, les pois chiches et le bouillon de légumes, donner une ébullition, ajouter les épices et rectifier l'assaisonnement.

6. Dresser de suite.

La poêlée d'ananas frais au beurre fermier à la vanille naturelle et le granité de Pinot Noir d'Alsace

– 1 ananas frais de taille moyenne
– 100 gr de beurre
– 40 gr de sucre fin de canne
– 1 bâton de vanille naturelle
– Amandes effilées grillées
– 100 gr d'eau minérale
– 50 gr de sucre en poudre de canne
– 200 gr de Pinot Noir d'Alsace ou autre vin rosé
– 50 gr de jus de citron non traité
– Menthe fraîche

1. La veille, mélanger ensemble l'eau minérale, le sucre fin de canne, le Pinot Noir et le jus de citron, bien mélanger au fouet et mettre au surgélateur.

2. Peler l'ananas et le couper en quatre, faire fondre le beurre avec le sucre et l'intérieur de la vanille dans une poêle, y faire rôtir lentement les morceaux d'ananas en les laissant bien confire.

3. Faire sécher les gousses de vanille au four.

4. Dresser le granité en le grattant à la fourchette dans de petits verres, servir les morceaux d'ananas confits en les arrosant

du beurre de cuisson, poser le verre de granité à côté et garnir celui-ci d'une feuille de menthe ainsi que des gousses de vanille sèches.

Charlotte à la pomme renversée

– 120 gr de pain complet
– 20 gr de beurre
– 4 pommes type Elstar
– Cannelle en poudre
– 20 raisins secs
– Quelques amandes effilées

1. Peler la pomme, la couper en morceaux et la cuire en compote en gardant des morceaux un peu croquants, ajouter la cannelle et les raisins secs, puis laisser tiédir.

2. Couper le pain en « tranchettes » et le colorer légèrement avec le beurre fondu pour masquer des récipients individuels ou une grande terrine.

3. Beurrer légèrement le ou les moules, mettre le pain sur les bords et remplir de compote de pomme, au moment de servir, remettre au four 10 minutes et démouler sur assiette ou sur plat, garnir d'amandes effilées grillées.

Si votre budget ne permet pas de réaliser ces recettes pour maximum 5 €, n'hésitez pas à remplacer certaines matières premières par des produits similaires, mais de saison et beaucoup moins cher à l'achat.

Les céréales du petit-déjeuner

Je ne suis pas un grand adepte, mais je reconnais que lorsque je vais à l'hôtel, des céréales et un bon lait froid me plaisent beaucoup lors du petit-déjeuner. Dernièrement, ne voyageant plus à cause de la pandémie, je me suis surpris à acheter des céréales dans mon magasin bio préféré à base de maïs, d'orge, de quinoa et de copeaux de chocolat, un vrai délice et très peu sucré.

Mais ne soyons pas dupes, la grande marque préférée de nos bambins dont le nom commence par K, produit aussi de nos jours des céréales labélisées bio, mais à quel prix ?

En étant de nouveau observateur, est-il vraiment nécessaire d'emballer les céréales K dans des cartons gigantesques qui prennent une place inouïe tant sur les rayons des magasins que chez vous dans votre armoire ?

D'abord, ce genre de boîtes remplit un immense rayon avec un choix aussi grand que celui des produits laitiers. Par contre, dans les magasins bio ou locaux, il y a un choix plus limité avec un emballage simple en sachet bien fermé pour un poids de 500 g contre 275 à 375 chez K, mais pour le même prix ! Trouver l'erreur !

Déjà que, comme écrit au début de ce livre, le lait est complètement transformé en un produit adapté aux industriels de la bouffe, si en plus les céréales nous coûtent un pont et qu'on nous impose des variétés aussi loufoques qu'inutiles, c'est de nouveau nous prendre pour des cons de payeurs qui leur remplissent les poches.

Vous aurez compris où il vaut mieux acheter les céréales du petit-déjeuner.

Haro sur le poisson pané pour nos enfants !

En congé, j'aime prendre mon petit-déjeuner en compagnie de Télé Matin sur France 2.

C'est le mercredi 18 septembre 2024 qu'un reportage sur le poisson pané attire mon attention.

Une journaliste insiste sur la composition de ces « poissons » reconstitués qui se vendent comme des petits pains dans les étals des super marchés, mais aussi chez certain « dit » poissonniers !

En matière de composition, il est noté sur l'étiquette que cet « aliment » est composé de 36 à 54 % de poisson, sans préciser s'il s'agit de chair, de peau, de viscères (le foie par exemple !) ou même d'arêtes mixées en poudre avec un cutter.

Il est très intéressant d'entendre le commentaire d'un autre journaliste présent en studio qui prétend que le sujet est faussé car lui il adore manger du poisson pané (dont je ne doute pas de l'origine) et que cela est très bon. Sauf que celui dont parle la journaliste est spécialement « fabriqué » pour nos enfants, avec l'emballage adéquat et surtout une reconstitution en forme de petit poisson, des fois qu'ils oublieraient la physionomie de celui-ci !

De plus au niveau de la composition, il n'est pas écrit de quoi il s'agit. De graisses, de fromages, de surimi, de végétaux, nada, par contre il est noté que pour 100 g de ce produit il y a plus de 220 calories, alors qu'un filet de poisson normal de 100 g en contient 70 au maximum. Tout est dit !

Sauf que, pas de chance, je l'ai vu ce reportage, et comme pour les viandes ou les volailles reconstituées, l'agroalimentaire ne se gêne pas pour vendre ce genre de saloperies qui finalement sont plus chères qu'un filet de poisson classique !

Explications : un kilo de filet de lieu noir frais, qui est un poisson de pêche durable, coûte en moyenne 17,05 € et un kilo de poisson pané industriel coûte 17,20 €. Si vous utilisez un œuf et de la chapelure faite maison avec du pain rassis, vous arriverez au même prix avec le poisson frais. Et la santé de vos enfants sera améliorée, ce qui est loin d'être le cas avec les panures industrielles qui camouflent toutes les graisses et le caramel caché sous cette horrible couverture dorée !!!

Ils veulent prendre nos enfants pour des cons en se faisant du fric sur le dos de leurs parents, mais qui a raison dans cette histoire ? Je ne le sais que trop bien, mais l'essentiel dans ce chapitre est que nos enfants s'en souviennent !

Et si je m'adressais aux parents ?

Mon carnet de route au rythme de mes rencontres

L'histoire de Tricatel (*L'Aile ou la Cuisse,* avec Louis de Funès et Coluche en 1976) date de 48 ans et malheureusement, nous sommes toujours bien dans ce type de scénario. Si pas plus !

De la crème Chantilly en cartouches, en passant par le sirop balsamique au caramel sans vinaigre de Modène, les frites surgelées dégueulasses, la sauce béarnaise en sceau de 5 kg qui ne « tourne » jamais et tous les produits industriels inimaginables !

Un vrai bordel… Il suffit de bien lire les étiquettes lors de vos achats. De ne pas toujours croire ce qu'il est noté sur le *« nutri-score multicolore »* de chez chose, c'est à mourir de rire !

Une sorte de liberté intellectuelle ou naturelle du simple cuisinier que je suis !

Je trouve que les parents devraient être informés régulièrement au niveau de la qualité de la nourriture en général. Je comprends très bien que chacun soit spécialisé dans son domaine professionnel, voilà pourquoi je m'autorise quelques réflexions à titre d'information.

La tendance

Avant on s'échangeait des infos sur les restaurants : « Tiens je suis allé chez Tartempioni, eh bien c'était vraiment bien, leurs pâtes al sapore di mare sont à tomber. » Eh bien, maintenant le bouche-à-oreille c'est fini... Voici venu l'Instagram ; on ne dit plus c'est fin, raffiné, succulent... non maintenant c'est instagrammable.

À Paris, devant un établissement du XIe arrondissement, une trentaine de personnes font la queue. À la porte, un serveur contrôle le flux, ambiance boîte de nuit. La plupart des clients, plutôt bien sapés, ont l'air d'avoir moins de 40 ans.

Une jeune femme s'adresse à son compagnon : « Depuis le temps qu'on me parle de ce lieu, je suis happy… » Elle saisit son téléphone, prend un selfie pour patienter.

En bout de queue, un vieux passant mène l'enquête : « *À chaque fois que je passe ici, il y a du monde qui attend. Ils attendent quoi ?* » Un jeune homme, énigmatique, affirme du bout des lèvres que « *c'est l'Ober Mamma, un restaurant italien* ». Et au vieil homme de nous regarder avec un air qui dit « *qu'est-ce que ce restaurant a de si spécial pour qu'ils fassent la queue ?* » Il reçoit finalement une réponse plus claire : « *C'est parce que c'est branché, Monsieur, c'est instagrammable, tout ça.* »

Avec l'attrait du réseau social d'images auprès des 18-35 ans, propriété de Facebook depuis l'été 2012, le néologisme à son nom est devenu une caution du bon goût. Ce qui est instagrammable est à la mode. Résultat, on choisit de moins en moins un restaurant pour ce qu'on a dans l'assiette, de plus en plus pour son esthétique. Manger un plat ou dormir dans un hôtel est désormais une expérience qu'il faut partager. À l'intérieur du restaurant Ober Mamma, les clients prennent régulièrement la pose. La décoration est mi-bordélique, mi-soignée. Les éclairages feutrés comme dans une boîte de jazz. Un immense bar, bouteilles apparentes et verres suspendus, donne l'impression de vivre dans une série américaine. L'ambiance façon cantine est plutôt agréable, mais ne justifie pas les longues minutes d'attente. *« Pourquoi les clients font une heure trente de queue à votre avis ? Pour s'y mettre en scène, ils veulent aller prendre une photo dedans »*, assure Grégory Pouy, conseiller en stratégie marketing.

« Quand vous utilisez le réseau social, vous adoptez une posture, vous créez un personnage, poursuit l'expert. *Lorsque vous créez un lieu, il faut donc faire en sorte que les clients aient envie de s'y mettre en scène. C'est le conseil qu'on donne aux marques quand elles lancent un lieu : qu'il soit instagrammable. »*

https://www.liberation.fr/france/2018/09/06/instagram-rebat-les-cartes-des-restaurants_1677050/

La pornographie alimentaire ou foodporn en anglais est une représentation visuelle de préparation de repas ou de plat dans les publicités télévisées, les blogs et les émissions culinaires ou dans d'autres médias visuels, c'est un culte à la nourriture.

Ces aliments prônent un excès de gras et de calories, et donnent envie de manger ou définissent la nourriture comme un substitut au sexe. La pornographie alimentaire prend souvent la forme de photographies provocantes, à la manière des photographies « sexy » ou pornographiques.

Photographier sa nourriture est devenu une des normes pour les jeunes générations du monde entier.

Une étude de YPulse montre que 63 % de la population entre 13 et 30 ans poste leur nourriture sur les réseaux sociaux alors qu'ils sont en train de manger.

De plus, 57 % de la population du même âge ajoute des informations sur le contenu de leur assiette.

D'après les statistiques, l'alimentaire et les réseaux sociaux se mettent en relation pour créer des stratégies de vente. Les usagers utilisent le hashtag #foodporn sans le vouloir, ce phénomène aide l'industrie alimentaire à collecter les données des utilisateurs et à identifier leurs besoins. Le nombre de photographies alimentaires portant le hashtag « #foodporn » atteint presque les 90 millions.

Le « foodporn » a des effets bénéfiques pour les restaurateurs, mais le « foodporn » est aussi une tendance qui divise les gastronomes et les épicuriens.

https://fr.wikipedia.org/wiki/Pornographie_alimentaire

La cuisinière et le cuisinier

C'est quoi un cuisinier ?

Maître dans sa cuisine, le cuisinier choisit les produits, élabore les recettes et réalise les différents plats prévus au menu. Selon son lieu d'exercice, il travaille seul ou à la tête d'une équipe très hiérarchisée.

Le métier de cuisinier consiste à préparer les repas d'un restaurant traditionnel, d'entreprise ou de collectivité. Il peut travailler seul, être secondé par des commis ou travailler en brigade (plusieurs cuisiniers spécialisés dans un domaine et supervisés par un chef).

Les qualités et les compétences requises du cuisinier sont de savoir s'adapter au type de clientèle de chaque établissement. Avoir une certaine autorité afin de mener son équipe, être bien organisé et être résistant au stress, maîtriser toutes les techniques de cuisine : recette, préparation, cuisson, etc.

Le métier de cuisinier vous donne aussi une très rapide possibilité d'évolution dans la carrière. Avec beaucoup d'ambition et de travail, vous pouvez assez vite devenir chef cuisinier, monter votre propre affaire et gagner suffisamment d'argent pour être à l'abri du besoin et même, vivre une très belle vie.

Règles de fonctionnement

- Lavage des plans de travail et des ustensiles à chaque service en fin de journée.
- Ne pas poser les marchandises alimentaires à même le sol.
- Ne pas poser d'objets personnels sur les plans de travail (exemple : téléphone).
- Utiliser des pinces pour le service d'aliments en vrac aux clients.

Il existe plusieurs avantages et inconvénients au métier de cuisinier. Parmi les avantages figure notamment la diversité des journées, tandis que la pression qui peut exister dans les cuisines pour servir rapidement des plats de qualité demeure une facette plus négative de la profession.

La cuisine permet de préparer des mets à base de viandes, de poissons, de légumes, de fruits, de céréales, etc., ou de mélanges de ces aliments. Certaines préparations sont crues, d'autres sont cuites.

Le chef de cuisine coordonne et encadre l'ensemble du personnel de cuisine dans l'établissement dans lequel il travaille. Étant avant tout un cuisinier expérimenté, il conçoit également de nouveaux plats et est garant de la qualité des plats.

HACCP signifie Hazard Analysis Critical Control Point. En français, cela se traduit par système d'analyse des dangers et points critiques pour leur maîtrise. Parler de norme HACCP n'est pas exact. Il ne s'agit pas d'une norme au sens français du terme.

Tout ceci est théorique et la réalité de nos jours est bien différente dans beaucoup de situations.

Suite au COVID, mais je suis persuadé que cela existe depuis plus de vingt ans, il y a de moins en moins de candidatures pour le métier de cuisinier.

Contrainte des horaires, services coupés, prestation entre 8 h et minuit chaque jour. Travail physique très important durant les coups de feu, changements permanents de températures entre le fourneau et la chambre froide, etc.

Cela s'appelle un sacerdoce, et à mon avis, à part dans les grandes maisons de haut ou de très haut niveau, le métier n'attire plus trop de jeunes.

De nos jours, et principalement dans les tavernes, les brasseries, les restaurants du midi et les snacks, il y a des *« dresseurs »* d'assiettes avec du prêt-à-porter culinaire qui vient en ligne droite d'un magasin spécialisé et soi-disant grossiste en restauration !

Il faut aller voir ce qu'on y propose, il n'y a plus besoin d'être cuisinier pour ce genre de pratique et malheureusement, c'est devenu la norme. Près de 85 % des établissements pratiquent de la sorte.

Je n'ai pas envie de m'étendre sur ce sujet trop longtemps, rien n'y changera, car comme dans le foot, il n'y a plus que le fric qui compte au détriment de la qualité.

Même dans des établissements que j'imaginais de bon niveau, c'est devenu le nivellement par le bas et les gros producteurs de l'agroalimentaire pour la restauration l'ont très bien compris. On retrouve leurs camelotes chez tous comme si cela était devenu « *la* » norme.

Au nom de Jean-Pierre, j'ose déclarer que ces 85 % de *« restaurateurs »* font de la *« merde »* camouflée avec très grande intelligence ! À bon entendeur…

Le métier de cuisinier, c'est vraiment pénible ?

La pénibilité des métiers de la cuisine est loin d'être révolue…

Une majorité de Français (55 %) ne veut pas de la retraite à 65 ans.

Ils l'ont dit dans un sondage réalisé par l'institut ViaVoice pour Libération publié le 14 décembre 2022.

Pourtant, il est des élus de la République qui soutiennent cette mesure phare d'Emmanuel Macron avec un fieffé aplomb, se lavant les mains de la pénibilité de certains métiers au motif qu'avant c'était bien plus dur et qu'aujourd'hui le progrès technique allège les tâches les plus pénibles.

C'est le cas du sénateur girouette François Patriat, 79 ans, passé du Parti socialiste au macronisme, déclarant le 12 décembre que la pénibilité n'est plus ce qu'elle était. Invité de la chaîne LCP, l'inamovible élu bourguignon s'est fendu d'une saillie pas piquée des hannetons, provoquant un tollé dans l'opposition :

« Je vous rappelle qu'il y a quarante ans, les temps n'étaient pas ceux d'aujourd'hui. La nature même des carrières difficiles était différente. La pénibilité n'est plus la même. Mon voisin, dans mon village à l'époque, était maçon-couvreur et me disait : "Je n'en peux plus de monter sur les toits comme ça." Mais de nos jours, les déménageurs, les couvreurs sont équipés d'exosquelettes, de matériaux. »

Passer une journée aux fourneaux

Ah ouais, c'est bien le progrès, monsieur le sénateur, mais le poids d'un bloc de béton reste le même (entre 15 et 40 kilos), quel que soit l'âge du maçon qui le porte.

En ce qui concerne un domaine que l'on connaît un tout petit peu, la restauration, on vous propose d'aller faire un tour en cuisine. Certes, il est révolu le temps où il fallait monter les sacs de charbon de la cave à la cuisinière. Certes, le micro-ondes et la cuisine d'assemblage avec des plats semi-préparés par l'industrie agroalimentaire réduisent les temps de préparation.

Mais cher monsieur Patriat, on vous suggère quand même d'aller passer une journée aux fourneaux pour mesurer qu'il est plus dur de rester debout de 8 à 14 heures et de 18 à 22 heures quand on n'a plus 20 ans. Qu'il n'y a pas d'exosquelette pour soulever les lourds faitouts où mijotent les fonds et les bouillons, les cageots de légumes et autres marchandises. Que l'intelligence artificielle, si sacralisée en ces temps, ne peut rien quand vous êtes la tête au-dessus du grill et qu'il fait 40 °C dehors ou que vous êtes au poste du poisson, les mains dans la glace alors qu'il gèle. Et que dire encore de la plonge à gratter de lourdes russes (nom traditionnel de la casserole dans le métier) ou que de rester aimable et chaleureux en salle à une heure du matin aux petits soins pour une joyeuse tablée qui ne veut plus se quitter.

Encore sur le métier à 65 ans

L'autre matin, on songeait à votre cher *« exosquelette »* en écoutant la conversation de deux vendeurs du marché Beauvau, place d'Aligre à Paris, tentant de se réchauffer autour d'un café.

Ils évoquaient l'histoire d'un ex-collègue dans ce pavillon couvert, mais ouvert aux quatre vents : *« Tu te rends compte, il a tenu 35 hivers ici,* dit l'un d'eux. *Moi, je ne pourrais pas. »* L'autre approuva : *« Moi non plus. »*

À vous de juger si on peut être encore sur le métier à 65 ans quand vous vous en serez retourné à votre confortable fauteuil de parlementaire. Avant d'aller déjeuner à ce restaurant du Sénat qui fait tant de mystère sur les prix de sa carte.

Par Jacky Durand, publié le 18 décembre 2022 dans Libération à Paris

Sauce béarnaise sans œufs et presque sans beurre

– 200 g de courgettes jaunes ou 300 g de courgette verte
– 10 g de poudre de curcuma (facultatif)
– 30 g d'eau
– 50 g de vinaigre de vin blanc
– 1 grosse échalote hachée
– 50 g de vin blanc sec
– 19 brins d'estragon frais
– 50 g de beurre frais
– Sel de mer
– Poivre noir du moulin

1. Laver les courgettes, ne pas peler les jaunes ou peler les vertes, les couper en rondelles de 1 cm et les cuire à la vapeur ou dans une casserole avec un filet d'eau à couvert.

2. Aussitôt cuit, mixer très longtemps pour obtenir un coulis très épais de courgette. Tenir de côté.

3. Faire la gastrique en mettant l'eau, le vinaigre, l'échalote, le vin blanc et les tiges d'estragon émincées dans un poêlon. Laisser réduire pour obtenir environ 2 c à s de gastrique.

4. Mélanger la gastrique avec le coulis de courgette et ajouter le curcuma si ce sont des courgettes vertes pelées. Bien mélanger, saler et poivrer, puis remettre sur le feu au dernier moment.

5. Monter cette sauce au beurre en fouettant pour l'incorporer, dès que c'est fait, ajouter tout le reste d'estragon en feuilles finement hachées, rectifier l'assaisonnement et servir de suite.

L'avantage de ce type de sauce est qu'on inverse le pourcentage de composition. 20 % de beurre et 80 % de légume et de gastrique. Elle ne « tourne » jamais, les personnes qui mangent peu de légumes ne se rendent pas compte de la supercherie et le coût est réduit de plus de 70 %... Bon appétit !

Faire son potager à la maison, et peut-être dans un potager collectif ou regarder la télévision chaque soir ?

J'ai énormément de chance, je parviens à faire les deux. Ce n'est pas vraiment une question de chance, mais d'envie et de passion pour les deux !

Au risque de passer pour un soixante-huitard, je suis un enfant de la télé et d'un autre côté, mon grand-papa comme mon papa avaient un très grand potager. À la maison, dans la mesure du possible, on s'alimentait avec les beaux légumes et les bons fruits de notre potager familial.

De nos jours, ayant comme job occasionnel de rouler beaucoup en voiture pour mon travail ou en vélo le week-end pour le plaisir, une constatation est bien réelle.

90 % des habitations, surtout les plus récentes, sont entourées de pelouses énormes et je n'y vois pas de potager. De plus, c'est très souvent Nono le Petit Robot qui entretient le truc ! J'ai aussi une partie pelouse à côté de mon grand potager, mais c'est ma seule marche rapide de la semaine lorsque je tonds. Il faut impérativement faire de l'exercice, à mon âge, c'est très important.

Tout cela pour vous expliquer que faire un potager, aussi petit soit-il, vous coûtera bien moins d'argent que celui que vous dépensez dans les supermarchés ou n'importe où selon vos habitudes. Effectivement, une laitue batavia rouge (ma préférée) en été coûtera environ 2,37 € alors que mes plants repiqués en mai dernier m'auront coûté 0,15 €, faites le compte !

C'est dans ce cas que je me sens nerveux lorsque les gens qui m'entourent se plaignent que les légumes coûtent très cher et qu'on vit des moments très difficiles…

Je n'ai de leçon à donner à personne, mais s'il y a un milieu que je connais très bien, c'est celui de l'alimentation de tout un chacun.

Bon jardinage à toutes et à tous ! Avec les amitiés de mon ami Stéphane Mostenne…

Gaspacho de tomate verte fruité au basilic pourpre (le tout venant de mon potager !)

– 6 tomates Green Zebra
– 4 prunes Reine-Claude
– 1 c à c de poivre vert
– 2 c à s d'huile de colza
– ½ c à s de vinaigre de cidre
– Tamari et Tabasco
– Sel
– Les peaux de tomate d'une autre couleur séchées au four
– 4 feuilles de basilic pourpre
– 4 fleurs d'origan

1. Couper les tomates en quatre et les prunes en deux, retirer les noyaux et mettre le tout dans un blender, ajouter le poivre vert, l'huile, le vinaigre, le tamari, le tabasco, le sel et un filet d'eau.
2. Mixer l'ensemble, détendre avec de l'eau si nécessaire, rectifier l'assaisonnement et verser au dernier moment en verrines.
3. Garnir en surface d'une belle feuille de basilic pourpre, de fleur d'origan et de peaux de tomate séchées au four.

Vin conseillé : Graves blanc.

Le jambon « rose » cuit chez le boucher : trop rose ou trop gris pour être honnête…

Le **nitrite** de sodium est utilisé dans la fabrication de la plupart des charcuteries, à la fois comme conservateur alimentaire et comme conservateur de la couleur. Il permet également d'accélérer la transformation charcutière des produits d'élevage.

Avec les nouvelles attitudes d'achats de leurs clients, certains producteurs fabriquent maintenant du jambon sans sel nitrité. Du sel marin naturel est utilisé comme c'est souvent le cas dans la filière bio ou artisanale, mais le résultat peut en décevoir certains, il faut juste faire un choix, manger sainement ou pas ?

J'ai personnellement acheté du jambon non traité dans ma boutique habituelle et force est de constater qu'après deux jours d'ouverture, même bien emballé, ce jambon devient gris.

Je peux en faire abstraction, mais ce n'est pas le cas de tout le monde. Il faudrait alors acheter régulièrement de petites quantités (2 tranches par exemple) et le consommer assez rapidement. Ou encore plus pointu, acheter le nombre de tranches nécessaires à la confection de roulades de chicons au jambon pour le repas familial. Le changement de couleur passera inaperçu sous le gratin croustillant.

Une chose est certaine et elle me permet, lors de mes conférences, de donner un exemple concret. Demander à la personne qui coupe le jambon à la machine, de faire de très fines tranches, vu la qualité exceptionnelle du produit, le goût sera suffisant entre deux tranches de pain ou dans une baguette. Cela vous coûtera le même prix que si vous achetiez du jambon industriel coupé plus gros !

De nos jours, il y a pratiquement un magasin bio ou local dans chaque village et plusieurs dans une ville. Ils ont presque tous un comptoir avec fromages et charcuteries locales à la découpe, il n'y a plus d'excuses comme par le passé. Je le constate en faisant mes courses toutes les semaines dans les magasins près de chez moi. La fréquentation moyenne se situe entre les 30 et 50 ans, comme quoi les enfants ont bien raison d'influencer leurs parents et leurs grands-parents… Acheter en gaspillant le moins possible, pas comme dans les hyper marchés !

Des nitrates aux nitrites… *(Extrait de l'article du Soir Mag du 23 au 29/7/2022 intitulé Le jambon « rose » au pied du mur)*

Alors que le rapport de l'Anses (Agence nationale de sécurité sanitaire de l'alimentation française) insiste sur le fait que les nitrites et les nitrates ingérés via les aliments et l'eau « engendrent des composants nitrosés dont certains sont cancérigènes et génotoxiques pour l'être humain », les professionnels du secteur charcutier tiennent à rappeler que l'exposition alimentaire aux nitrates naturels tient pour deux tiers dans la consommation de produits végétaux (surtout les légumes à feuilles comme les épinards, le céleri, la laitue, les navets…) et pour un quart dans l'eau de boisson. Moins de 4 % de l'exposition alimentaire aux nitrates serait donc due à leur utilisation dans la charcuterie. Malheureusement, l'exposition aux nitrites provient bien, elle, de la consommation de charcuterie. « La toxicité vient en effet de leurs associations avec d'autres composés de la charcuterie et des substances qui se forment lors de leur dégradation dans l'appareil digestif », précise le rapport de l'Anses. Le danger ne vient donc pas des nitrates en eux-mêmes, mais de leur transformation en nitrites, ce qui risque de réduire l'oxygénation de nos cellules dans le sang.

Où sont les bons jambons ? *(Extrait du même hebdomadaire)*

Quelque 75 % de la charcuterie industrielle vendue en grande distribution contient des additifs chimiques. Les autorités sanitaires préconisent donc d'en limiter la consommation à 150 grammes par semaine, ce que font déjà apparemment 99 % des Français ! Plusieurs entreprises industrielles, Fleury Michon, Herta, Aoste, Madrange, Monique Ranou notamment, n'ont pas attendu pour lancer une gamme de charcuteries « grises » sans nitrates ajoutés. On peut aussi trouver des jambons réputés pour leur absence d'additifs, chez des artisans et producteurs bio. C'est le cas également de toutes les sortes de jambon de Parme AOP, du jambon ibérique Pata Nergra ou encore du jambon Ganda Bio.

Panna cotta de jambon de chez nous…

– 200 g de lait
– 200 g de crème fraîche
– 160 g de jambon cru, légèrement fumé et artisanal
– 1 g d'agar-agar
– 4 chips de jambon cru
– Mini fleur comestible ou verdure de saison
– Lanière de tomate séchée

1. Mettre le lait et la crème dans un poêlon avec le jambon émincé très finement en petits morceaux, poivrer et porter à une ébullition, ajouter l'agar-agar.

2. Faire recuire 4 à 5 minutes à petits frémissements, laisser tiédir, puis verser en verrines.

3. Laisser tiédir et mettre les verrines au grand froid.

4. Au moment de servir, garnir les verrines de chips de jambon, de tomate séchée et d'une petite fleur comestible ou de verdure de saison.

Vin conseillé : Les Agapes rosé, de Vin de Liège.

Fabriquer de bons fromages au lait cru de chez nous... Ou envoyer son lait en laiterie industrielle ?

Avec notre patrimoine fromager, nous n'avons rien à envier à nos voisins européens !

La Belgique est maintenant reconnue comme productrice de très bons fromages.

Attention, il y a fromage et fromage, dans ma philosophie, il est indispensable qu'il soit conçu au lait fermier cru et non avec du lait stérilisé de laiterie dont on ne connaît pas l'origine territoriale.

C'est effectivement ce qui détermine le caractère organoleptique d'un bon fromage, son origine, sa méthode de fabrication et sa terre d'origine. Comme le disait « Monsieur Paul » à Collonges-au-Mont-d 'Or, avec de mauvais produits, on ne peut faire que de la mauvaise cuisine… (Je pense que Jean-Pierre aurait dit : « Avec de la merde, on ne sait faire que de la merde ! »)

J'en veux particulièrement à ces agriculteurs qui prennent les gens pour des cons. Ce n'est pas parce que le produit vient de la ferme qu'il est bon, propre et juste !

On voit de plus en plus de boutiques « à la ferme » ou juste à côté qui prennent comme enseigne le qualificatif de naturel, local, saisonnier, produits d'antan et tant d'autres noms flatteurs, etc.

Si c'est le cas, n'hésitez pas et allez demander à l'agriculteur ou à son épouse s'il utilise des produits phyto, s'il fait de bonnes rotations ou de la culture intensive, en fait s'il fait réellement des produits de qualité irréprochable pour l'être humain.

S'il prend sa fourche et vous poursuit, vous aurez compris. S'il bafoue des mots incompréhensibles aussi, mais s'il vous parle de sa race laitière locale, s'il vous parle de lait cru non traité et s'il en parle avec émotion non divulguée et très sincère, alors pas d'hésitation, allez-y !

Et là, j'en arrive à écrire que le lait qui est payé 0,39 €/litre à l'agriculteur inconscient, puis verser dans les citernes des camions des laiteries industrielles, c'est un non-sens total.

Pourquoi ne pas transformer son lait en bons fromages crus et autres dérivés à base de lait, comme de la vraie « maquée » (fromage blanc), du bon yaourt, du beurre au lait cru, du riz au lait, de la crème au chocolat, de la glace, etc.

Mais non, c'est bien plus facile de le vendre à un prix très bas et de ne pas avoir de tracas… Si c'est ça l'agriculture, alors au nom de mes grands-parents et de ceux qui osent des choses, qu'ils arrêtent de se plaindre du prix qu'on leur donne.

Qu'ils se retroussent les manches et qu'ils bossent autrement qu'avec leur tracteur dernier cri, qu'ils fassent comme ceux que j'apprécie et que je vois vivre de leur travail sans problèmes. Sans dépendre continuellement des primes agricoles que nous payons avec nos impôts !

Imagination, créativité, audace, originalité et tant d'autres qualités pour mettre en valeur le fruit de son travail ! Et ne pas dépendre de la Commission européenne pour obtenir leur fameux quota, heureusement supprimé depuis 2015.

Le régime des quotas laitiers est une politique de droits à produire mise en place en France puis dans l'Union européenne. C'est dans le cadre de la politique agricole commune, à partir de 1984, pour limiter et stabiliser la production laitière (lait de vache) qui… au niveau de l'Union (qui comptait à l'époque dix membres) devait être fixée…

En réalité, les producteurs de lait sont tenus par les gros lobbies et l'industrie de l'agroalimentaire qui leur dictent leur loi !

Les « autres » au moins, ont compris qu'on allait droit dans le mur avec cette foutue agriculture intensive. Ces pesticides dans tous les coins, cet élevage de taureaux avec des culs aussi gros que ceux d'un éléphant, etc. Et je lis dans mon magazine préféré que le lisier, répandu sur des milliers d'hectares, serait en partie responsable des problèmes respiratoires que pourrait causer le Covid-19 ! Tiens…

Ne lâchez rien, les amis, vous êtes dans le bon et plus tard, vos enfants et vos petits-enfants vous remercieront !

Que dire de la vache Holstein, la pisseuse à lait, je n'ai rien inventé, c'était une des expressions préférées de Jean-Pierre Coffe. Il suffit d'être observateur ou curieux de nature, d'avoir envie de savoir et de comprendre ce qu'il y a dans notre assiette.

Dernièrement, j'ai observé un cheptel de vaches qui broutaient dans l'herbe d'un verger que je suppose bien arrosé de produits chimiques juste avant le printemps.

La race Holstein, bien sûr, mais encore ? Sales comme ce n'est pas possible, des restes de merde dans laquelle elles pataugeaient en hiver dans l'étable, la peau sur les os qui pointent dans leur chair, elles savent à peine se relever et marchent très difficilement tant leurs mamelles sont gonflées et lourdes à supporter.

J'ai aussi entendu le hurlement des petits veaux qui venaient de naître, puis directement séparés de leur mère et placés dans de petits boxes en plastique blanc en attendant la dose qui fera d'eux de bonnes vaches laitières… Ou si ce sont des mâles, de la bonne entrecôte persillée à souhait, mais ce sera de la viande forcée. Pourquoi changer une équipe qui gagne ? Et dire que les parents vont avec leurs petits bambins près de ces cages pour que l'enfant caresse ce pauvre petit veau bien malheureux, tout en leur disant que c'est ça la nature. Nature mon œil !

De nos jours pour le quidam, ces vaches sont « normales », car on ne voit plus que ça, même aux ronds-points en campagne. On y a mis en décoration une vache en plastique comme dans les prairies… Vraiment lamentable, du n'importe quoi !

Et pour terminer :

C'est l'histoire d'un agriculteur qui va avec son épouse chez le gynécologue. À la vue de l'échographie, le médecin regarde très méticuleusement son écran. Le fermier lui demande :

« Vous pensez que c'est un garçon ? »

« Oui, répond le docteur. »

« Et il sera agriculteur comme moi ? »

« Oui, répond le docteur. »

« Comment voyez-vous cela ? »

« Bin, il se plaint déjà ! »

Là, je vais encore me faire des potes…

Le clafoutis léger de légumes au fromage de lait de vache Jersey

– 35 g de bette ou d'épinard
– 35 g de carotte
– 35 g de haricots plats
– 35 g de racine blanche
– 35 g de fenouil
– 35 g de vert de poireau
– 8 feuilles de sauge
– Persil
– Huile d'olive
– 1 œuf
– 1,5 dl de crème de soja
– 80 g de fromage affiné au lait de Jersey
– Sel de mer et poivre noir du moulin
– Noix muscade
– Feuilles de sauge en garniture
– Salade de saison

1. Mettre un peu d'huile d'olive dans le fond des récipients, émincer tous les légumes avec la sauge ciselée et les sauter quelques minutes à l'huile d'olive pour les attendrir avec sel, poivre et noix muscade, les répartir dans les cassolettes sans tasser.

2. Dans un bol, mélanger les œufs avec la crème de soja, sel et poivre, verser sur les légumes dans les cassolettes et émietter le fromage par-dessus.

3. Préchauffer le four à air pulsé à 140 °C, y enfourner les récipients et laisser cuire environ 15 minutes.

4. Se sert chaud, tiède ou froid, et accompagné d'une petite salade de saison vinaigrette.

5. Garnir le clafoutis d'une feuille de sauge.

« C'est tiède que je le préfère, mais en été sur la terrasse avec une salade, je l'aime froid également. »

La Nouvelle-Zélande et notre Ardenne nous ouvrent leurs portes…

Un soir à la télévision sur Cash Investigation, l'émission d'Elise Lucet qui est diffusée chaque jeudi soir sur France 2, la spécialiste de nombreuses révélations sur des dossiers brûlants, j'ai vraiment cru que j'hallucinais !

Les pâturages en Nouvelle-Zélande sont magnifiques et immenses. Les propriétaires fermiers ont au minimum 1000 à 2000 hectares de prairies pour permettre aux moutons, agneaux, vaches et taureaux de brouter à leur aise.

Mais tout comme chez nous, l'intensif s'est approprié les techniques d'élevage et de culture de façon plutôt incroyable. Il faut d'abord savoir que les ¾ des agneaux importés en Europe viennent de chez eux et que tout n'est pas toujours vert comme l'herbe ! Quid de ce que mangent ces animaux en plus de l'herbage ? Sont-ils toujours à l'air libre ou en étables, voire en cages ?

Les caméras nous ont montré les nouvelles techniques utilisées en intensif dans ces contrées avec des vaches laitières qui, pour avoir du lait, devraient normalement avoir un veau. Pas besoin de taureau, c'est comme chez nous, le vétérinaire insémine la vache avec son long gant en plastique et le tour est joué.

Si ce n'est qu'à bien regarder, il y a un hublot en verre ou en plastique transparent qui est placé à l'endroit où on devrait faire la césarienne pour extraire le veau (un peu comme votre machine à lessiver !) et lorsque la vache mettra bas, il n'y aura qu'à ouvrir ce hublot pour extraire le veau…

Ce sera donc sans douleurs avec juste un gros problème, c'est que le veau sera retiré directement à sa mère, qu'il ne pourra pas téter le lait maternel avec le colostrum pour être placé dans une des 2000 cages en plastique alignées un peu partout dans la propriété du fermier ! La vache va hurler après son veau et le veau va hurler après sa mère durant quelques heures jusqu'à ce qu'ils en aient marre…

De bonnes piqûres adéquates et des boissons spécialement conçues feront l'affaire tant pour la vache que pour le veau. De toute façon, quand le veau aura quelques mois de cage, il sera placé dans le noir absolu pour une finition d'élevage avant de passer à l'abattoir et ainsi de suite !

Et vous imaginez qu'il n'y a que ça en Nouvelle-Zélande ?

Livrant dans la région de Lierneux vers Vielsalm en Ardenne belge, mon GPS m'a envoyé à destination via une belle campagne bucolique verdoyante.

J'avais vu le film de France 2 la semaine précédente et je fus stupéfait de voir dans une belle descente une ferme avec ses belles étables, devant lesquelles il y avait une centaine de cages blanches en plastique pour y mettre les veaux dès leur naissance…

Et moi qui croyais que ça n'existait pas chez nous, gros Jean comme devant suivant l'expression et naïf avec ça !

Le tartare de veau « sous la mère » surmonté de lanières d'asperges vert cru de Hesbaye marinées avec mes 4 épices en « C » et la vinaigrette de courgette

– 250 gr de viande de veau sous la mère
– Sel de mer et poivre noir du moulin
– Huile de colza et jus de citron
– ¼ d'échalote finement hachée
– Persil haché
– 1 cornichon au vinaigre haché finement
– Mélange 4 épices (curry, curcuma, cannelle et cumin)
– 40 gr de courgette
– 40 gr de carotte
– 40 gr de céleri en branche
– 1/3 de botte d'asperges vertes
– Huile de colza et vinaigre de cidre
– Curcuma en poudre ou frais en saison
– 1/4 courgette cuite à la vapeur
– Lanières de carotte crue
– Graines germées et oseille rouge
– Pissenlit

1. Couper les asperges en fines lanières avec un économe et les mélanger délicatement avec sel, poivre, curcuma, huile de colza et vinaigre de cidre, mettre au frais et laisser mariner au moins 20 minutes.

2. Couper la viande en cubes de 3 mm et faire de même avec les trois légumes, mettre dans un bol et ajouter l'échalote très finement hachée, sel, poivre, huile de colza, jus de citron sans excès les quatre épices selon l'envie, bien mélanger, et mettre au frais recouvert d'un film alimentaire.

3. Mixer la courgette cuite en purée et ajouter du sel, du poivre et un trait de vinaigre de cidre, émulsionner avec un filet d'huile d'olive.

4. Au moment de servir, rectifier l'assaisonnement tant du tartare que des asperges, mettre la vinaigrette de courgette sur assiette avec une corne cannelée, poser le tartare dessus à l'aide d'un cerclage, mettre les asperges crues sur le tartare, poser une fleur sur les asperges ainsi qu'une feuille d'oseille rouge, du pissenlit, de lanières de carotte crue et servir de suite.

Tant qu'à faire du cru avec le veau, allons-y aussi avec les asperges surtout si elles sont bien épicées !

C'est l'histoire d'une salade…

Qu'il s'agisse d'une frisée aux lardons, d'une salade César ou d'une salade vinaigrette en accompagnement de votre steak, très souvent à la brasserie du coin, vous vous ferez entuber. Pas par la trachée, mais par un autre orifice !

Un jour, j'étais avec mon épouse dans un établissement du centre de Liège et nous n'avions pas une grande faim, nous optons pour deux salades César.

Quelle surprise, un mélange de roquette (qui n'est pas une salade, mais bien une herbe aromatique !) des jeunes pousses venues en direct d'un sachet, de gros quartiers de tomate, des lanières de poivron, de fines tranches de lard croustillantes, du parmesan râpé en fine poudre et une sauce type crème fraîche fade de chez fade.

Après deux bouchées, je demande au serveur un peu de vinaigre de vin et je précise, surtout pas de sirop balsamique comme ils en mettent tous partout ! « Bien monsieur, me dit-il. »

Je vois arriver notre homme avec un petit pot blanc en porcelaine qu'il dépose à côté de mon assiette. Voyant le liquide blanc, j'y mets le bout du doigt pour goûter et en fait c'est ce qu'ils appellent de la vinaigrette dressing (les trucs qu'on achète en bouteille).

Je lui fais la remarque que j'avais demandé du vinaigre et il me répond : « Bin, c'est ça !!! »

Finalement je n'ai pas insisté, car il y avait du monde et le garçon était très occupé, j'ai versé le contenu du petit pot sur ma salade, j'ai mélangé le tout, mais rien n'y a fait, c'était toujours aussi fadasse.

Voici quelques explications sur l'origine de cette salade.

Un week-end de fête nationale, qui vit beaucoup d'Américains passer la frontière pour se sustenter au Mexique, et lors duquel César Cardini, restaurateur, arrivait à court de vivres. Il utilisa alors ce qui lui restait en cuisine, des œufs, du parmesan, des croûtons de pain un peu sec et de la salade romaine, ainsi que de l'ail et de la sauce Worcestershire.

La recette s'améliora peu à peu et prit le nom de son créateur (le restaurateur, pas l'empereur, si vous me suivez bien).

Dans les années 1920, il était de bon ton de se rendre à Tijuana et le restaurant Caesar voyait défiler les riches Californiens, et des vedettes de Hollywood, comme Clark Gable ou Jean Harlow.

On traversait alors la frontière pour venir boire l'alcool que les lois de la prohibition rendaient difficile à consommer aux États-Unis d'Amérique. Ceci explique le rapide gain de popularité de la Salade César : « Comment, tu étais à Tijuana ? Je ne t'ai pas vu chez César ! » Et ainsi de suite…

C'est comme la salade frisée aux lardons, ça se fait avec de la frisée à fines côtes, des lardons bien colorés, de l'échalote hachée et un bon vinaigre de vin ou de cidre. Le gras du lard déglacé avec un bon vinaigre vaut bien mieux que toutes les saloperies qu'on peut y trouver de nos jours ! Un œuf poché ou cuit à 63 °C fera merveille par-dessus cette salade. Basta !

Heureusement, il y a encore des journalistes curieux qui se posent des questions quant à la véracité de ce qu'on nous propose sur les cartes des restaurants « touristiques ».

Une émission de France 2 l'a très bien montré dernièrement en faisant les poubelles de ces prétendus « restaurateurs » qui font des préparations maison. Ils ont fouillé, caméra à l'appui et durant toute la nuit, dans les poubelles se trouvant sur le trottoir devant ces restaurants.

Quelles découvertes, la soupe à l'oignon gratinée, le cassoulet comme là-bas, les quenelles de poisson, le jarret d'agneau confit, la (fausse) sauce carbonara en poudre, le moelleux au chocolat, etc. Rien n'était fait maison.

Je me souviens, lorsque j'ai débuté dans le métier en tant que chef de cuisine d'un restaurant d'entreprise, de la visite des délégués de ces sociétés qui font ce que j'appelle depuis « LE PRÊT-À-PORTER CULINAIRE ! » Les mecs arrivaient en costard croisé dernier cri avec sous le bras un gros classeur et surtout, un bon de commande…

Vous recevez de chacun un catalogue en couleur avec des photos plus belles que dans Paris-Match ! Une mise en page digne des meilleurs bouquins de cuisine avec stylistes et photographes professionnels. Ils mettent ces merdouilles en valeur afin d'attirer les « cuisiniers » de basse zone que se prennent pour des chefs !

Un peu de sérieux, je ne savais pas du tout que ça existait ! J'ai foutu tous ces délégués dehors presque avec un coup de pied au cul tant ils insistaient pour me vendre leur camelote !

En pâtisserie et en boulangerie, c'est pareil. En charcuterie, de plus en plus de bouchers ne fabriquent plus rien eux-mêmes pour mettre dans leur étal. Certains prétendus glaciers mélangent des poudres avec de l'eau avant de turbiner devant les clients. En voyant ça, les clients se disent que la glace est faite maison. Et on s'étonnera qu'ils préfèrent aller faire leurs achats dans les grandes surfaces à *low cost* !

La salade César avec du doux, du mou et du croquant, celle que j'ai suggérée lors d'un atelier culinaire, pour deux personnes

– 1 salade romaine
– Du parmesan en copeaux
– Des tranches de pain frottées à l'ail frais
– 2 filets de poulet grillés et émincés (facultatif)
– 80 g de crème fraîche
– 2 c à s de parmesan râpé
– Sauce anglaise Worcester
– 2 petites de c à c de moutarde
– 2 jaunes d'œuf
– Du jus de citron
– 2 c à c de vinaigre de fruit
– 1 gousse d'ail hachée très finement
– Sel de mer et poivre noir du moulin
– Persil plat en garniture

1. Nettoyer, émincer et laver la salade romaine.
2. Faire des copeaux de parmesan.
3. Couper le pain en croûtons et les colorer sous le grill du four.
4. Pour la sauce, mettre la crème dans un bol, ajouter le parmesan râpé, la sauce anglaise, la moutarde, le jaune d'œuf, du jus de citron, le vinaigre, l'ail, sel et poivre, bien mixer le tout très rapidement et laisser infuser au moins ½ h.
5. Au dernier moment, mélanger la salade avec la sauce dans un grand bol, rectifier l'assaisonnement, répartir cette salade dans des bols individuels, mettre les morceaux de poulet (facultatif), les copeaux de parmesan et les croûtons sur la salade.
6. Surmonter d'un bouquet de persil plat et servir de suite.

Ne me racontez plus des salades

Eh oui, le monde change, on dit aussi qu'il évolue, ça reste à prouver.

S'il y a une économie très facile à réaliser en cuisine tant à la maison que pour le restaurateur professionnel, c'est sur l'achat des salades.

Tout d'abord, il est impératif de choisir une salade de saison, une laitue pommée ou une feuille de chêne au printemps, une batavia ou un pain de sucre en été, une scarole ou de la mâche en automne et une frisée ou des chicons (endives) en hiver.

Je suis effrayé de voir les rayons incroyablement fournis de ces sachets de salades, coupées, lavées et prêtes à l'emploi dans les grandes surfaces. Ces jeunes pousses de toutes les variétés possibles et inimaginables toute l'année, mais à quel prix ?

Ce type de produit m'énerve tant il est facile de nettoyer et de laver de la salade en un temps record, mais surtout pour très peu d'argent. Et on se plaint que tout coûte cher en faisant ses courses, voici un petit calcul qui résume bien la situation. Je l'ai réalisé cet automne.

Après découpe et lavage d'une scarole : il reste dans le saladier 420 g de scarole à 1,89 € pièce soit **4,50 € le kg.**

L'achat d'un sachet de 150 g de scarole nettoyée en grande surface coûte 1,99 € **soit 13,27 € le kg,** près de **3 fois plus cher…**

Il y a aussi de nos jours de plus en plus de salades qui sont vendues en grande surface avec la racine comprise et enrobées d'un emballage en plastique. L'argument de vente étant que grâce à cela, vous allez conserver votre salade plus longtemps.

Ce qu'on oublie de dire c'est que ces salades n'ont jamais connu la pleine terre et sont cultivées en hors-sol dans des pots ou des goulottes avec de l'eau aromatisée de perlimpinpin chimique. Un tel produit doit normalement remplacer ce qui est prévu par la nature. C'est-à-dire les substances de la terre qui donneront à la salade, vigueur, fermeté et croquant. Pas ce goût de flotte insipide des salades qu'on retrouve dans ce type de culture.

Tentez l'expérience, nettoyez une salade de pleine terre et de saison bio et faites de même avec une salade de cette industrie. D'abord il y aura une différence de poids après nettoyage, mais surtout lorsque vous ajouterez votre bonne vinaigrette maison, la salade de tradition restera ferme et bien structurée. L'autre va retomber dans le fond du saladier et « pisser » l'eau qu'elle contient.

Conclusion, achetez toujours une salade de qualité, non traitée, locale et de saison et vous verrez que finalement le plus cher est le moins cher…

Petit bémol, même dans les magasins bio, ils ne savent plus ce qu'est une salade de saison !!! Et c'est pareil en vendant des tomates et des chicons toute l'année…

Une anecdote. Dès le printemps, mon frère comme moi, nous repiquons des salades de saison en serre non chauffée, le soleil se chargeant bien de la température nécessaire, nous y apportons un peu d'eau. Lors des premières récoltes, nous en proposons à nos enfants pour qu'ils aient une nourriture locale et de grande qualité. Réponse de presque tous : « Elle est coupée, lavée et en sachet ? »

Ma technique de nettoyage de salade

Remplir l'évier avec beaucoup d'eau bien fraîche. Mettre une planche à découpe au bord de l'évier en la calant avec une lavette humide ou un papier absorbant humide également. Avec un grand couteau, couper la salade en deux sur sa hauteur ou en quatre si elle est très grosse. Émincer grossièrement (2 à 3 cm) chaque partie en faisant tomber la salade directement dans l'évier. Laver la salade deux fois et même plus si elle vient de votre potager, l'essorer et la mettre dans une boîte hermétique ou dans un sachet bien fermé au réfrigérateur. Elle se conserve 5 jours sans problèmes, voire même plus.

Ma vinaigrette fruitée maison très légère

Dans un pichet, mettre un fruit de saison coupé en 4 (pomme ou poire non pelées, chair de melon, de pastèque, une tomate ou tout autre fruit de saison), verser de l'huile de colza à ras du fruit choisi. Ajouter sel, poivre, le vinaigre correspondant à la couleur du fruit (de vin rouge, de vin blanc, de cidre, à la framboise, balsamique brun ou balsamique blanc), de la moutarde, un peu de persil ou de ciboulette ciselée et mixer pour obtenir une vinaigrette qui se conservera quelques jours au réfrigérateur. Un réel bonheur. La quantité de vinaigre dépend de votre goût habituel.

La véritable frisée aux lardons à l'œuf poché

– ½ de salade frisée
– 100 g de lardons salés
– ½ échalote hachée
– 3 c à s de vinaigre de vin blanc
– Thym frais effeuillé
– 4 c à s d'eau
– Poivre noir
– 4 œufs
– Persil haché
– 4 feuilles de salade rouge
– 4 feuilles de chicon

1. Nettoyer, laver et essorer la frisée, mettre en bols individuels.

2. Colorer les lardons avec l'échalote et bien laisser fondre le gras du lard, ça doit crépiter dans la poêle.

3. Déglacer au vinaigre, ajouter le thym, réduire de moitié et détendre avec 4 c à s d'eau. Poivrer et tenir de côté.

4. Casser les œufs en ramequins masqués de film alimentaire, cuire au dernier moment à la vapeur à 100 °C durant 5', ils doivent être bien moelleux.

5. Saler et poivrer la salade frisée, poser les lardons tièdes, faire glisser l'œuf poché dessus, garnir de persil haché, d'une feuille de salade rouge et chicon. Accompagner de pain toasté.

Boisson conseillée : une bonne bière Badjawe Festive.

Il était une fois… la campagne !

Des artisans-producteurs, il n'y avait que cela avant les années 1950. Nos champs avaient encore un bel aspect et une taille humaine. Ils étaient encore entourés d'une haie d'aubépines qui aidait à la fois à l'écosystème naturel, au refuge pour la faune et le petit gibier. Elles servaient aussi de « frein » pour ralentir l'eau lors de gros orages…

La bonne idée de nos dirigeants après la libération de 1945 fut d'américaniser nos campagnes avec la chimie de la guerre qu'il fallait bien « caser » quelque part. Ensuite dans les années 1970, ce fut d'y construire des chemins de remembrement en béton en supprimant les clôtures naturelles qui ont chassé toute vie. Les champs « *modernes* » facilitent drôlement la tâche des agriculteurs, ce qui est un acquis social très important, je le reconnais, mais n'y avait-il pas d'autres solutions ?

J'ai posé la question dernièrement à mon papa qui dès l'âge de 14 ans a travaillé après journée dans le milieu agricole pour arrondir ses fins de mois. Comment faisait-on à cette époque sans pulvériser les céréales ou les betteraves ? Sa réponse fut directe, on enlevait les herbes à la main et il y avait toujours le risque de maladies dans les cultures.

Maintenant, la campagne est industrialisée et aseptisée, obligée de surproduire pour être rentable. Retournée top profondément et cultivée par d'énormes machines agricoles, pulvérisée dès que le semi voit le jour. À côté de cela, comme pour noyer le poisson dans l'eau, des couyons trouvent intelligent et culturel de faire entrer des « *célébrités* » dans une ferme à la con qui n'a de réel que son nom ! C'est un véritable paradoxe et cela confirme bien la réalité.

J'ai connu des amis immigrés italiens qui travaillaient en usine, dans des fours à chaux d'une température insupportable, ou dans les mines à charbon. D'autres qui de nos jours font deux services par jour dans une cuisine de restaurant où le coup de feu est un de ces trucs, que si vous ne l'avez jamais fait, vous ne savez pas ce que c'est. Moi je le sais, je l'ai vécu !

Des personnes qui ont les yeux rivés sur un écran d'ordinateur durant plus de 8 heures avec une ou deux pauses, dans des bureaux souvent mal aérés et là aussi on leur demande de la grosse production. Des boulangers qui travaillent toutes les nuits dans des conditions très difficiles, et tant d'autres professions qu'il faudrait deux pages pour les citer toutes…

À côté de cela, on voudrait nous faire croire que, comme avant, l'agriculteur qui fait de l'intensif, travaille très dur, dans des conditions difficiles, que son métier est très rude, etc. (je ne parle pas de ceux qui triment 15 à 16 h par jour et devant lesquels je tire mon chapeau).

Avec soi-disant la satisfaction de travailler au grand air et en pleine nature, mon œil la nature… C'est oublier que tracteurs, moissonneuses, arracheuses à betteraves, pulvérisateurs, et autres machines agricoles ont toutes des cabines munies de la stéréo, de la climatisation d'air, d'un ordinateur de bord, d'un GPS et tout le confort voulu ! Si ça c'est travailler dur dans la nature et au grand air… Demandez à mon parrain ou à mes oncles, ils vous diront ce que c'était. Cela aussi, je l'ai vécu !

Savez-vous que la climatisation en général est très mauvaise pour la santé et de plus elle pollue l'atmosphère ? Nous ne sommes tout de même pas dans des pays chauds aux températures habituelles de 35 à 40 °C, ou dans une maison de retraite en pleine canicule.

Est-ce compliqué de mettre en route l'ordinateur de bord d'une machine qui calcule pour vous le travail des champs, si c'est difficile de mettre en route le carrousel qui traira les vaches automatiquement ?

Est-ce difficile de nettoyer les étables de stabulation avec la pelle de son tracteur ? D'ouvrir les vannes qui libéreront instantanément les farines et autres aliments pour bétail directement dans les bacs à cochon ?

Est-ce amusant de voir des poules pondeuses enfermées dans des cages à en perdre leurs plumes et qui font des œufs bien calibrés ? Ils tombent presque directement dans la boîte sur laquelle on collera une belle photo d'une belle poule rousse en plein air, etc.

Il faut arrêter de vous plaindre les gars ou alors fallait faire un autre métier !

Mais voilà, vous n'avez pas choisi, vous êtes nés dedans comme on dit et ils ont décidé pour vous !

Ce sont d'abord les « créateurs génétiques » d'une race bovine à haut rendement viandeux qui vous ont imposé leur camelote à la place des races rustiques réputées comme le Limousin, le Charolais, la Blonde d'Aquitaine, l'Aberdeen, la Salers, l'Aubrac et tant d'autres avec lesquelles ceux qui y croient font des viandes goûteuses et exquises.

Ce sont aussi les gros fabricants de « *graines* », de produits phyto, d'insecticides, de pulvérisateurs et autres merdes, qui en bon faiseur de marketing vous ont « *offert* » une semaine de vacances (pour visiter leur usine). Souvent dans un pays agréable en guise de remerciement pour votre fidélité et surtout au prorata des tonnes de produits achetés chez eux !

C'est encore l'homme en « *tablier noir* » avec ses bottes en caoutchouc et sa canne de bois qui vous disait qu'il ne chargerait pas ce taureau s'il n'était pas « piqué » quelques semaines avant d'être bon pour l'abattoir ! Heureusement, il paraît que de nos jours, ce genre de pratique n'existe plus, ça alors, on l'a échappé belle… Quoique ?

C'est aussi l'ingénieur qui a inventé la machine à distribuer du lait (mélange d'eau et de lait écrémé en poudre très vitaminé dont la communauté européenne regorge par milliers de tonnes !) qui alimente les petits veaux de façon automatique. Grâce à des pis en plastique ressemblant à ceux de la vache sur lesquels la jeune bête vient téter. Celle-ci s'arrête de donner du lait dès que le veau a bu sa dose journalière.

Tout cela grâce à une puce informatique placée sur l'oreille du veau, qui signale à la machine qu'un tel a bu assez pour aujourd'hui. La machine ne se remettra en route que le lendemain matin, ce n'est pas beau le progrès, et dire qu'au départ il suffisait de laisser téter le veau au pis de sa mère.

C'est votre épouse, qui vous aide à la traite des vaches deux fois par jour, qui prépare votre gamelle pour aller aux champs, et qui fait un travail énorme à la ferme. Mais lorsqu'elle dresse la table du repas, elle met sur celle-ci du lait stérilisé UHT venant d'une usine à lait multinationale. Qui achète du beurre d'une laiterie européenne lointaine. De la confiture d'un hypermarché où tout est emballé par 6 ou 12 pots pour avoir un prix de gros. Du jambon sous vide qui pisse l'eau et du pain de « *cuisson permanente* » truffé de bulles d'air sans goût. Tout cela, au lieu de manger des produits naturels de votre propre production ou en tout cas de votre confection.

C'est exactement comme si moi, cuisinier professionnel, je ne mangeais pas ce que je prépare.

J'ai vu des éleveurs qui, conscients de ce qu'ils donnent comme nourriture à leurs bêtes et de la manière hautement rentable dont ils les élèvent, ne consomment pas de cette viande. Ils font un petit élevage « *à part* » dans la petite étable d'à côté pour leur famille ! Bravo.

Il paraît que c'est l'Agriculture Commune Européenne qui décide pour vous ce que vous allez produire, ce que vous allez élever, ou ce que vous allez gagner. Elle vous impose les terres en jachère, les primes pour ne pas produire trop et toutes sortes de réglementations incompréhensibles.

Cela prouve avec un peu de lucidité qu'à chaque niveau de cette chaîne bien huilée et bien organisée, des gens se font des couilles en or sur votre dos. C'est sans parler de l'administration américaine qui boycotte quand elle veut et place un embargo où elle le souhaite. Ah business quand tu nous tiens…

C'est facile pour le cuisinier que je suis de critiquer une profession qui n'est pas la sienne. Vous me répondrez que c'est impossible de faire marche arrière… D'accord, mais, ce que je raconte, je l'ai vu de mes propres yeux tout au long de ma carrière.

C'est faute d'avoir trouvé des produits de qualité et sains pour la santé sur le marché conventionnel, que je me suis tourné vers la filière bio pour mon restaurant de collectivité. C'est la seule possibilité si vous voulez consommer sans pesticides et avec un minimum de respect pour la Terre ! Le tout sans toucher au budget alloué.

Quand on sait que les plus grands scientifiques prévoient que l'effet de serre risque de recouvrir d'eau une petite partie de la Belgique avant la fin du vingt et unième siècle. Que cela concerne tous les habitants de la planète. Que 80 % d'entre nous n'en ont rien à foutre de savoir si leurs descendants vont devoir subir ces préjudices ! Moi j'ai fait mon choix et quoi qu'il arrive, chaque matin quand je me regarde dans la glace, je n'ai honte de rien.

Nous sommes le vendredi 22 juillet 2016, je relis mes écrits avec attention, puis sur la RTBF, je vois un reportage lié à la foire agricole de Libramont, il y est question de l'évolution vers une agriculture et une culture de pommes et de poires presque propre avec une gestion contrôlée des insectes permettant de pulvériser un minimum de produits chimiques. Ce n'est certes pas encore parfait, mais c'est très agréable de voir le petit-fils d'un producteur conventionnel de Verlaine, en région liégeoise, expliquer sa démarche et en est très fier…

On avance !

Le millefeuille de fraises à la chantilly d'asperges vertes fermières confites et les bulles de bière Badjawe Festive

– Feuilles de pâte à filo
– 8 fraises du pays
– 125 g de crème fraîche
– Sucre en poudre
– 5 asperges vertes
– Beurre et sucre fin de canne
– 165 g de bière Badjawe Festive

– 0,66 g de gomme xanthane
– 20 g de sucre en poudre
– Garniture : tuile de chocolat noir

1. Verser délicatement la bière dans un pichet, ajouter le sucre puis la gomme xanthane très lentement en mélangeant au fouet, il ne doit pas y avoir de grumeaux. Passer au chinois fin et verser dans un siphon, mettre une cartouche et placer au frigo.

2. Faire les tuiles en chocolat noir et mettre au frais.

3. Couper la pâte à filo en 12 petits rectangles de 4 x 8 cm et les cuire sur plaque ou de façon ondulée le temps de bien les colorer, retirer et débarrasser sur une grille à pâtisserie.

4. Couper les asperges en très fines rondelles en gardant 1 pointe par personne pour la garniture, mettre l'ensemble dans une petite casserole avec du beurre, du sucre fin de canne et un filet d'eau, confire à couvert 8 à 10 minutes, retirer les pointes et tenir de côté, mixer le reste et laisser refroidir.

5. Fouetter la crème avec le sucre en poudre dans un batteur et y incorporer la purée d'asperges vertes, tenir au frais.

6. Couper les fraises en lamelles en gardant une fraise entière avec pédoncule par personne.

7. Sur assiette, dresser un peu de chantilly, poser une pâte, puis faire un trait de chantilly, bien aligner les fraises, poser une nouvelle pâte et recommencer l'opération, terminer par une pâte ondulée et garnir le dessus d'une noix de chantilly et d'une fraise entière ainsi que de la pointe d'asperge confite. Garnir d'une tuile de chocolat noir. Bien secouer le siphon et mettre des bulles de bière blanche dans une verrine puis la poser à côté du millefeuille.

Veau, vache et cochon

Il y a quelques mois, je ne voulais pas l'écrire, mais là, y en a marre !

Je suis le premier à applaudir lorsque les parents s'inquiètent de l'alimentation de leurs enfants, de la qualité des produits en général. Des dégâts de la malbouffe, de ce qu'on leur propose dans les cantines des crèches ou des écoles.

Vous avez lu précédemment ma passion pour l'éducation des petits enfants au goût des bons aliments de saison, c'est mon dada.

Je suis né dans une famille d'agriculteurs du côté de ma maman, et depuis l'âge de 10 ans jusqu'à mon service militaire en 1975, toutes mes vacances et autres week-ends importants, je les ai passés chez mon parrain et chez mes cousins à la ferme familiale.

L'odeur qu'il y régnait était des plus agréables, de légers fumets d'étables, ceux des cochons sur paille, ceux des vaches laitières en hiver et des taureaux à l'élevage sur un gros lit de paille, changer autant de fois que nécessaire. Je m'en souviens très bien parce que c'était mon travail au quotidien.

Odeurs plus que supportables et vraiment pas nauséabondes, je dirais même qu'en hiver, on avait plutôt chaud dans les étables. C'est pour vous expliquer mon vécu et que vous ayez une idée de la réalité d'un élevage classique et « *normal* ». Celui que j'ai connu et qui malheureusement était déjà le début des césariennes incontournables. De nos jours, cela est devenu une industrie bovine incroyable.

Quand j'écris « industrie bovine incroyable », il est impératif que je me justifie, et surtout que je sache de quoi je cause !

Je prends l'exemple vu dans certaines fermes. C'est une race que j'appelle hybride, la Holstein, race d'origine hollandaise en pie noire ou rouge, et qui est « arrangée » pour produire des milliers de litres de lait.

Il n'est plus question de taureau pour saillir ces vaches, une insémination artificielle via le vétérinaire qui, muni de son catalogue, choisira le type de veau que souhaite l'éleveur !

Jusque-là, il paraît que c'est l'évolution qui veut cela, donc, admettons. Mais pourquoi laisser croire à nos enfants qui visitent régulièrement ces fermes que c'est ça la vraie nature ? Des petits veaux à peine nés qui sont placés dans une cage en plastique dur derrière un grillage muni d'un abreuvoir en plein milieu de la cour et bien en vue des passants ?

Comme il y a des naissances qui arrivent tous les jours, on place parfois deux veaux dans la même cage, c'est plus rentable. Les enfants caressent les braves petits veaux tout frais et tout propres, qu'on a retirés rapidement du pis de leur mère au cas où… Et je reviens sur l'odeur que dégage l'étable principale où il doit y avoir au moins 200 vaches.

Puant de chez puant, mais pas comme je l'ai connu, ça sent réellement l'excrément grâce aux antibiotiques ingérés par les animaux. Grâce à la nourriture fermentée de ce beau maïs (OGM bien sûr !) récolté début septembre et grâce à l'irresponsabilité d'un éleveur peu scrupuleux qui a peut-être oublié ce qu'est le minimum de propreté dans une étable ! Aussi conventionnelle, soit-elle !

Voilà ce que montrent certains parents à leurs enfants en leur disant que la campagne, la nature, l'élevage, l'agriculture c'est ça. Eh bien non ça, c'est de la merde et rien d'autre. Je convie ces parents et leur progéniture à me contacter et je leur donnerai avec plaisir les adresses incontournables des fermiers, des agriculteurs, des éleveurs et des producteurs que je connais. Ils se feront un grand plaisir de les recevoir sur rendez-vous et avec le sourire, car eux, ils n'ont rien à cacher !

Brochette de veau de la ferme élevé sous la mère au pain d'épices

– 500 g de viande de veau
– Sel et poivre
– Farine
– 1 blanc d'œuf
– Chapelure de p. d'épices
– Pignons de pin grillés
– 1 c à s de persil
– ¼ g d'ail
– 1,5 dl h. d'olive
– Jus de citron

1. Couper le veau et mettre en brochette avec sel et poivre.

2. Mélanger de la chapelure avec des pignons concassés, fouetter l'œuf avec un filet d'eau froide.

3. Fariner les brochettes, passer dans l'œuf et rouler en chapelure, mettre au frais.

4. Mixer le persil avec ail, h. d'olive, sel et poivre, puis un peu de jus de citron.

5. Cuire les brochettes à l'huile d'olive bien chaude en maintenant la viande rosée, mettre l'huile de persil sur assiette et poser la brochette, garnir de pignons et de persil.

Vin conseillé : Saumur Champigny frais.

Les hérésies de la cuisine !

Après plus de cinquante années d'expérience dans les cuisines en commençant pas celle de ma mamy, de ma maman, puis de l'école d'hôtellerie, celles de traiteur, de restaurateur, de chef en brasserie parisienne et de responsable d'un restaurant d'entreprise de collectivité. Je m'autorise aujourd'hui à vous donner mon avis pointu pour la bonne pratique de la cuisine. Qu'elle soit journalière ou plus évoluée lorsque par exemple, vous recevez à la maison.

Quelques exemples concrets

– On lit et on dit très souvent de battre les blancs d'œufs en neige avec une très petite pincée de sel. Monsieur Jacques Groffy, éminent pâtissier à Liège, dont le misérable est une pure merveille, m'a expliqué que le sel faisait de la rétention d'eau dans les blancs d'œufs. Que la même très petite pincée de sucre à la place du sel ferait « meringuer » à souhait la préparation, je ne déroge jamais plus à cette règle. Que ce soit pour une préparation sucrée ou salée, la rotation des fouets du batteur va propulser les molécules de sucre dans les blancs d'œufs et ce sera un peu l'effet barbe à papa. Ils seront bien fermes et surtout, il n'y aura jamais de dépôt humide dans le fond du récipient. Cela permet d'incorporer les blancs d'œufs dans une autre masse sans trop se tracasser, d'y aller énergiquement et rapidement afin d'obtenir un mélange homogène sans que ça ne « retombe » comme on dit.

– Certains bouchers, très compétents en découpe et en présentation des viandes, mais qui ne sont pas vraiment cuisiniers, conseillent à leurs clients d'assaisonner les viandes rouges juste après la cuisson. Qui pourra me démontrer qu'en assaisonnant après cuisson, le sel et le poivre par exemple ne va pas rouler autour de la viande sans vraiment l'assaisonner à l'intérieur ? Il est impossible d'assaisonner correctement une viande après cuisson, il est évident qu'il ne faut pas mettre le sel dix minutes avant de colorer la viande, car cela ferait ressortir l'humidité de celle-ci, surtout si c'est du BBB version élevage intensif… Assaisonnez correctement votre viande juste avant de la cuire et vous aurez un résultat optimum, surtout si après coloration, vous cuisez la viande à 85 °C avec sonde à cœur à 55°. Pour les grosses pièces comme les rôtis et les gigots, n'hésitez pas à assaisonner plus que la normale afin que l'assaisonnement pénètre bien dans la viande.

– Cuisiner au wok est devenu une très belle habitude quand on connaît la réelle philosophie de la cuisine asiatique qui veut que les aliments soient coupés menus et ensuite sautés au wok très rapidement et à très haute chaleur avec un léger corps gras suivi d'un filet d'eau ou de bouillon spécifique. Tout cela pour cuire vite en maintenant le goût et la texture des aliments, cela ne peut se faire que dans un vrai wok avec le fond complètement arrondi qui sera posé sur un support au-dessus d'une grande flamme au gaz ou d'une chaleur à induction. Rien à voir avec les soi-disant woks qu'on trouve dans le commerce avec le fond plat à très hauts bords, recouverts d'une couche antiadhésive, mais dont la cuisson ne dépassera pas la surface de contact avec le point de chauffe, environs 15 à 20 cm de diamètre. Si c'est au gaz il y a une petite chance que la flamme dépasse et vienne lécher l'extérieur, là ça devrait marcher. Le wok électrique ou celui posé sur une taque vitrocéramique, ne laisse aucune chance de cuisiner à l'asiatique, cette poêle est juste bonne à faire des crêpes ou à colorer de la viande, car seule la surface de fond sera chaude et non les bords. Ce ne sera plus une poêlée saisie rapidement, mais plutôt un mijoté surtout si vous mettez un couvercle par-dessus.

– La plus traditionnelle des « Mama » de la cuisine italienne ou les vrais cuisiniers italiens vous expliqueront qu'il n'y a aucune raison de gaspiller une bonne huile d'olive en la mettant dans l'eau de cuisson pour que les pâtes ne collent pas entre elles. Gardez bien cette huile pour la finition des pâtes quand vous allez les poêler à la dernière minute avec la sauce ou la garniture choisie. Vous allez ainsi créer une émulsion exceptionnelle en détendant cette même huile avec un bon filet d'eau de cuisson des pâtes réservée lors de l'égouttage de celles-ci. Il faut toujours prévoir 6 x le volume d'eau par rapport au poids des pâtes, pour les cuire correctement.

– Tant qu'on parle de cuisine italienne, il y a une préparation tellement galvaudée par ceux qui se disent cuisiniers, que je préfère m'abstenir de fréquenter leur établissement ! C'est la véritable recette des pâtes à la carbonara. Point de pancetta, ni de lardons, ni de crème fraîche, etc. Je vous copie ci-dessous ce qu'en pense un grand cuisinier italien…

« Il Vicolo della Scrofa, per chi conosce Roma, è una delle stradine più caratteristiche e ricche di simboli. Proprio in una trattoria di questa strada, da cui il nome del vicolo, pare sia stata realizzata la prima Carbonara, nel 1944. La storia più attendibile infatti racconta l'incontro tra gli ingredienti a disposizione dei soldati americani e la fantasia di un cuoco romano. Il risultato fu il prototipo degli spaghetti alla carbonara: uova, bacon (poi guanciale) e formaggio. Man a mano la ricetta è evoluta fino a quella che tutti conosciamo oggi e possiamo apprezzare a casa di amici romani veraci (e voraci!), nelle trattorie come nei ristoranti stellati della Capitale, in tutta Italia e all'estero, nelle innumerevoli versioni: con o senza pepe, con un tuorlo per persona o l'aggiunta di almeno un uovo intero, con guanciale o pancetta tesa.

– Il condimento per la carbonara si prepara in una manciata di minuti. Pensate che occorrono soltanto guanciale speziato tagliato a striscioline, una crema dorata a base di tuorli (nella nostra versione) e tanto Pecorino grattugiato al momento.

– Nella sua semplicità e nella ricchezza delle materie prime, la ricetta degli spaghetti alla carbonara è parente stretta di altri due capisaldi della cucina genuina italiana: l'amatriciana e la gricia ! Strizza l'occhio anche alla pasta alla zozzona, un piatto robusto che unisce il meglio delle preparazioni di base della cucina laziale. Fate un tuffo nella Roma popolare insieme a noi e scoprite come realizzare dei cremosissimi spaghetti alla carbonara, fateci sapere se la nostra versione vi piace e, se vi incuriosisce l'idea di gustare altre varianti, provate anche la pasta patate e uova o la carbonara agli asparagi!

En italien c'est plus savoureux, mais en voici la traduction :

Le Vicolo della Scrofa, pour ceux qui connaissent Rome, est l'une des rues les plus caractéristiques et pleines de symboles. Il semblerait que la première Carbonara ait été confectionnée dans un restaurant de cette rue, d'où le nom de l'allée, en 1944. L'histoire la plus fiable raconte en effet la rencontre entre les ingrédients dont disposaient les soldats américains et l'imagination d'un chef romain. Le résultat fut le prototype de spaghetti carbonara : œufs, lardons (plus tard de la guanciale) et fromage. Petit à petit, la recette a évolué pour devenir celle que nous connaissons tous aujourd'hui et que nous pouvons apprécier chez de vrais (et voraces !) amis romains, dans les trattorias et dans les restaurants étoilés de la capitale, dans toute l'Italie et à l'étranger, dans d'innombrables versions : avec ou sans poivre, avec un jaune par personne ou l'ajout d'au moins un œuf entier, avec de la guanciale (joue de porc séchée).

– L'assaisonnement pour carbonara se prépare en quelques minutes. Pensez simplement que vous n'avez besoin que de lard épicé coupé en lanières, d'une crème dorée à base de jaunes d'œufs (dans notre version) et de beaucoup de Pecorino fraîchement râpé.

– Par sa simplicité et la richesse de ses matières premières, la recette des spaghettis carbonara est une proche parente de deux autres pierres angulaires de la véritable cuisine italienne : l'amatriciana et la gricia ! Il fait également un clin d'œil aux pâtes à la zozzona, un plat robuste qui combine le meilleur des préparations de base de la cuisine du Latium. Plongez avec nous dans la Rome populaire et découvrez comment préparer des spaghettis carbonara très crémeux, faites-nous savoir si vous aimez notre version et, si vous êtes intrigué par l'idée de goûter d'autres variantes, essayez également les pâtes aux pommes de terre et aux œufs ou carbonara aux asperges !

On va tous devoir manger des insectes ?

C'est en route et c'est tout comme lorsqu'au début des années 90 sont apparus les premiers téléphones portables. Qui aurait imaginé que de nos jours, nous aurions pratiquement tous un téléphone avec agenda, Internet, mail, photos, ordinateur, accès aux réseaux sociaux et tout le bazar…

Tout le monde fait la grimace en voyant une personne consommer des insectes cuits ou vivants à la télévision et ça se comprend. J'ai récemment vu un Australien qui parcourt le monde suivi d'une équipe de télé faire des exploits physiques très aventureux dans des endroits incroyables.

En pleine Amazonie, il est à la recherche de nourriture et il consomme des bestioles vivantes, on le voit en gros plan en train de croquer une espèce de grosse larve qui bouge dans tous les sens et subitement le sang gicle de partout, quelle horreur. Je ne pense pas que ce genre d'images puisse nous rassurer dans la consommation d'insectes ou autres petites bêtes mortes ou vivantes.

J'ai encore en mémoire une scène que jamais je n'oublierai. C'est l'été 1981, Henri et son équipe construisent les fondations de ma nouvelle cuisine professionnelle à Yernawe, Saint-Georges-sur-Meuse et c'est l'heure de table dans leur belle roulotte rouge.

J'en profite pour prendre de leurs nouvelles et leur apporter de quoi se rassasier (de l'eau bien sûr !) et je vois Henri mangeant son pain en compagnie d'un fromage typique de chez nous, un bon Herve bien puant et très coulant.

Très observateur, surtout concernant la nourriture, il me semble voir de loin de petites choses qui bougent sur son fromage… Je lui pose la question et il me répond avec cette belle chaleur de l'accent liégeois :

« Bin m'fi, c'est l'meilleur du fromage, ce sont les asticots !!! »

Pour ma part, la première expérience date de 1999 à Shanghai lors d'une quinzaine inoubliable au Peace Hôtel, nous nous baladions avec mon ami Robert Fontana dans la vieille ville et là c'est un défilé incroyable d'échoppes de toutes sortes très colorées.

Je m'inquiète en voyant un étal complet de larves, de scorpions, de variétés d'insectes inconnus pour moi et lorsque le marchand me propose de goûter un de ses produits, je fais la grimace ! Robert me montre l'exemple et croque un de ces insectes avec spontanéité. Je n'ai pas vraiment le choix et je choisis la plus petite bestiole possible et me lance en fermant les yeux, en réalité c'est surprenant et inhabituel pour nous européens, mais ce goût prononcé de noisette n'était pas si déplaisant que cela.

Il y a quelques années, lors de la Grand-Messe annuelle du secteur bio en Wallonie au Salon Valériane de Namur, j'ai goûté de la pâte à tartiner composée de vers à farine et j'avoue que j'ai trouvé ça très intéressant. Je ne sais pas si à l'heure actuelle ce produit est distribué dans le commerce, mais ça me semble être une belle alternative à la pâte à tartiner composée d'huile de palme provenant de plantations excessives qui rasent tout sur leur passage et qui ne respectent pas la nature.

D'après certains spécialistes, les insectes seraient une solution à la surconsommation de viande et de protéines animales qui sont devenues sur cette Terre une aberration totale quand on pense à la manière dont certains éleveurs pratiquent leur métier. Heureusement, il y a de plus en plus d'agriculteurs qui font marche arrière pour en arriver à une production à taille humaine et raisonnable pour le confort de l'animal.

Attendons de voir si demain nous serons prêts à consommer des insectes comme nous le faisons avec une salade, une carotte ou du chocolat… qui vivra verra.

Les pâtes Aldento poêlées en toute simplicité, avec ail frais, tomate concassée, basilic et huile d'olive

– 120 g de pâtes à la farine de grillon « Aldento » des Frangines à Alleur (Goffard Sisters)
– Huile d'olive
– 2 gousses d'ail
– ¼ d'oignon
– Thym et laurier
– 1 boîte de tomate concassée ou 4 belles tomates fraîches en été

– 10 feuilles de basilic frais
– Eau de cuisson des pâtes
– Du parmesan
– 4 belles feuilles de basilic huilées

1. Mettre une casserole d'eau salée à cuire avec couvercle.

2. Peler et couper l'ail en fines rondelles, hacher finement l'oignon, mettre de l'huile d'olive dans une grande poêle, y fondre l'ail avec l'oignon, thym et laurier, ajouter les tomates et cuire juste le temps de fondre les tomates.

3. Mettre les pâtes à cuire en les gardant « al'dente », les égoutter tout en gardant un bol d'eau de cuisson.

4. Mettre les pâtes dans la poêle où se trouve la sauce tomates, huiler, poivrer, chauffer rapidement et détendre avec un peu d'eau de cuisson, bien mélanger, goutter et ajouter encore un filet d'huile et d'eau de cuisson, poivrer et saler si nécessaire, ajouter les feuilles de basilic déchirées à la main, ainsi que du pecorino râpé, bien mélanger et dresser rapidement dans de petites assiettes creuses.

5. Garnir de pecorino râpé et de basilic huilé, donner un tour de moulin à poivre et verser un petit trait d'huile d'olive, servir très rapidement.

Ce sont les consommateurs qui veulent cela ?

S'il y a bien une phrase que je ne supporte pas, c'est celle-là !

Pourquoi faut-il toujours mettre les *« fantasmes »* des inventeurs de toutes sortes d'ignominies dans l'agroalimentaire industriel sur le dos des consommateurs ?

C'est très simple, c'est uniquement pour le fric !

Je vais juste me faire plaisir en comparant des produits d'avant suivis de ceux qu'on nous impose de nos jours (en italique), quoique ça fait déjà plus de 70 ans que ça dure… Mais on avance, il y a de plus en plus de producteurs passionnés et passionnants qui n'ont pas un boulier compteur à la place du cœur…

Le jambon cuit au naturel avec du sel marin

Maintenant, on y injecte de l'eau à près de 30 % (c'est autorisé par l'Europe !) et le sel de nitrite est utilisé en abondance pour une coloration bien rose constante

Les fraises et autres fruits rouges uniquement en saison, à partir de mai jusque septembre

De nos jours, les fruits rouges sont partout toute l'année, chez le légumier, dans les pâtisseries dites de luxe et dans les magazines qui vantent les fraises en suggestion pour faire de petits pères Noël avec de la chantilly en bombe en décembre !

La viande de bœuf, de cochon, de veau, d'agneau et de volaille avec une saveur incroyable lorsqu'on les cuisine puis qu'on les déguste

Chez nous, nous sommes les rois du Blanc Bleu Belge. Même si de nombreux « progrès » ont été réalisés, avec la Bleue des Prés par exemple. Je rappelle que cette race arienne n'est pas naturelle de par la naissance des veaux qui sont automatiquement effectués par une césarienne incontournable. Le cul du veau est trop gros pour sortir naturellement de la vache, c'est ce qu'on appelle un cul de poulain, quelle merveille !

Dans le cochon, tout est bon, tel était le slogan de nos aïeux…

Les charcuteries sont souvent bourrées de toutes sortes de produits émulsifiants, conservateurs, stabilisants, antioxydants, etc. Il vous suffit de lire à haute et intelligible voix ce qui est écrit sur la contre-étiquette, une vraie tuerie !

Le veau dit « sous la mère », légèrement rose et juteux à souhait après cuisson, quel bonheur, qu'il s'agisse de la cuisse ou du jarret…

Maintenant, il vient en général de Hollande, là, ils sont les spécialistes de la finition des veaux en étables sombres additionnées d'une nourriture qui l'est tout autant. Et que dire de la séparation brusque du veau avec sa maman, surtout sans atteindre le sevrage naturel sous le pis de la mère ?

Le gigot d'agneau que cuisaient ma grand-mère puis ma mère, simplement assaisonné de sel et de poivre, piqué de quelques gousses d'ail et arrosé très régulièrement de beurre au lait cru, quel souvenir !

Là, il nous arrive soit surgelé d'Argentine, soit frais avec une conservation sous vide de plus de 5 semaines de Nouvelle-Zélande ou d'Australie, et que dire des souris de mouton surgelées qu'on nous vend pour de l'agneau, sans goût et insipides.

Le poulet rôti entier du dimanche, cuit à la broche, ou bien confit en morceaux dans une rissole incroyable et élevé naturellement par mon papa. Ils pesaient en moyenne 2,5 kg…

De nos jours, quand je vois le prix du poulet à 2,24 €/kg venant de Pologne et vendu en grandes surfaces, je me pose des questions ? Ils sont élevés en poulaillers industriels immenses, gavés d'une nourriture infâme et en permanence sous antibiotiques au cas où ils viendraient à être malades. J'ai eu l'occasion de visiter un tel établissement à Bangkok et j'en suis ressorti comme Louis De Funès chez Tricatel en 1976. Et dire qu'ils arrosent le monde entier de nuggets pour nos bambins, et ce sont les mêmes que vous retrouvez en friterie, heureusement qu'il y a des sauces piquantes en accompagnement !

Je pourrais m'étendre encore très longtemps sur ce sujet, mais je n'en ai pas envie.

On ne nous dit pas tout…

J'adore cette phrase prononcée par Anne Roumanoff lors des émissions de Michel Drucker. Si elle s'en servait pour ironiser sur l'actualité politique ou sociale française, il en va de même sur l'alimentation proposée sur la planète entière.

Avez-vous un jour imaginé que depuis plus de 30 ans, notre nourriture de base est complètement passée à l'ouest et n'est plus que l'ombre de ce qu'elle devrait être ?

De manière générale, la nourriture est un élément d'origine animale, végétale, fongique (parfois bactérienne ou minérale) ou chimique, consommé par des êtres vivants à des fins énergétiques ou nutritionnelles, dans le processus d'alimentation.

Les éléments liquides utilisés dans le même but sont appelés boissons, mais le terme de nourriture peut également s'y appliquer quand il s'agit de potages, de sauces ou autres produits alimentaires.

Alimentaire ou spirituelle, la nourriture désigne ce qui entretient la vie d'un organisme en lui procurant des substances à assimiler.

Elle assure la subsistance de l'homme. (Source : Wikipédia)

Ne tombons pas dans la nostalgie en disant que c'était mieux dans le temps. Il y a heureusement une superbe évolution dans les techniques de culture, d'élevage et de production de nos jours. Elles permettent à qui le veut de produire de la qualité sans pour autant tomber dans les travers de l'agroalimentaire qui tuent tout sur leur route et qui prétendent que c'est la seule façon de nourrir la Planète. Mon œil !

À l'heure où tous les producteurs de l'intensif et du très gros rendement se plaignent de ne pouvoir vivre de leur travail, la plupart des artisans, des producteurs et des fournisseurs que je connais vivent normalement. Ils ne se plaignent pas, car ils ont fait un choix de vie et de travail qui rend l'homme heureux de faire ce qu'il fait, qui plus est avec les technologies modernes mises à leur disposition.

On ne nous dit pas tout… On est obligé de tout écrire sur les emballages et il y a des sociétés qui utilisent des caractères si petits, qu'il faudrait une loupe pour lire la composition de certains produits.

Prenez la peine de lire précisément ce qu'il est écrit et vous verrez que certaines moutardes très connues se composent d'autres éléments que l'eau, les graines de moutarde, le sel, le vinaigre et le curcuma pour la coloration. Ce qui n'est pas le cas de la moutarde de Raeren dans ma région, 100 % NATURELLE, qui n'utilise aucun additif, ainsi que la moutarde bio Bister à Ciney, qui en plus utilise des graines de moutarde locales !

Que certains jambons cuits contiennent plus de flotte, de phosphate et de nitrite que de viande, sans compter les E suivis de 3 chiffres, là c'est à mourir de rire…

Que les fruits rouges produits chez nous en plein hiver sont gavés de produits 100 % chimiques et n'ont pratiquement pas de valeurs nutritives. Autant boire un verre d'eau de Chaudfontaine ou de Spa, ça vous coûtera beaucoup moins cher, de plus, ce sera naturel et local.

Que le veau souvent industriel est élevé dans le noir sans jamais voir le jour ni même boire le lait de sa mère. La pauvre, elle est déjà inséminée par la main délicate du vétérinaire pour la prochaine grossesse… !

Que le cochon qui vit sur des grilles pour que ses excréments tombent dans la fosse à lisier n'imagine même pas ce qu'est un lit de paille bien chaud en hiver. (Pas besoin, l'étable est chauffée au mazout !)

Et avec tout cela il faudrait que nous soyons bien nourris, en bonne santé et qu'il n'y ait plus d'allergènes provoqués essentiellement par la transformation de tout en industriel aseptisé et dépourvu d'éléments qui protègent notre corps.

De toute façon, ils ont tout prévu : les antibiotiques pour les animaux comme pour nous (ce sont souvent les mêmes actionnaires dans toutes ces multinationales), les OGM dans les cultures et cerise sur le gâteau, ils sont en train de racheter certains producteurs bio pour avoir la main mise sur tout en se donnant une belle image, n'importe quoi !

Et pour conclure ce chapitre, je ne peux m'empêcher de vous écrire ce que je pense du caviar d'aubergine (et il n'y a pas que cela !) proposé par un distributeur bien de chez nous. Il est la référence en matière de tradition, d'écologie, de qualité et autres qualificatifs pompeux en grande distribution. Surtout en ses magasins de proximité situés dans de nombreux villages de nos campagnes !

Voici texto ce qu'il est écrit quant à la composition de la boîte de 200 g de caviar d'aubergine acheté près de chez moi le 3 juin 2022 avec une DLC jusqu'au 06/07/2022 et portant le numéro de lot : 03202211.

INGRÉDIENTS : aubergine grillée 46 %, huile de colza non hydrogénée, oignon grillé, pois chiches, sel, basilic, ail, amidon modifié de maïs, poivron en poudre, acidifiants (E330, E270, E260), conservateur (E202). Peut contenir : gluten, crustacés, œufs, poissons, soja, lait, fruits à coque, céleri, moutarde et graines de sésame.

Cet achat avait été effectué par manque de temps pour notre repas du vendredi soir composé de toasts de baguette maison grillés, avec mozzarella di bufala Campana, tapenade d'olives maison, saumon fumé artisanal et local, crevettes grises de la mer du Nord, feta d'Esneux, etc.

Le dimanche soir qui suivit, un apéritif de quartier avec nos voisins était prévu et nous avons réalisé quelques préparations maison. De la bruschetta aux tomates à l'ail et au basilic, des tronçons d'asperges au saumon fumé avec la vinaigrette incontournable de mon épouse Isabelle, une salade de feta d'Esneux aux herbes du potager, des rouleaux de thon au concombre et de la mozzarella di bufala marinée à l'huile d'olive et au basilic. Le tout accompagné d'un délicieux caviar d'aubergine dont je vous donne les **INGRÉDIENTS :** ***aubergine coupée en deux sur la longueur, percée de deux gousses d'ail de mon potager et confite au four à 150 °C durant 1 h 15, sel de mer, poivre noir du moulin, huile d'olive, jus de citron pressé minute, persil haché de ma culture et rien d'autre.***

Quel bonheur en dégustation ce caviar d'aubergine sans acidifiants ni conservateurs, bien sûr il ne pourrait rester au frigo plus d'un mois comme celui acheté dans le commerce, mais nous voilà mardi et je mange le reste avec une belle salade coupée ce matin et quelques tranches de pain au levain grillées, un délice !

Le prêt-à-porter culinaire

J'avais déjà remarqué dans les années 80 que le marché spécialisé pour la restauration, tant collective que gastronomique, proposait des préparations semi-finies, voire prêtes à servir ou à cuire.

Je me souviens également du traiteur-restaurateur que j'étais, qui ne voulait pas de cette camelote pour cuisiner à grande échelle. C'est pourquoi en 1987 j'engageais un excellent cuisinier capable de faire de la mise en place tant en cuisine qu'en pâtisserie et nous en avons passé des nuits à faire des gâteaux sous forme de grandes bandes pour faire l'assortiment de desserts maison.

Les fagots de haricots verts nettoyés et calibrés à la main, les montages de profiteroles en pièce montée colées au caramel, la nougatine aux amandes effilées pour décorer les sultanes, les carottes nouvelles pelées une à une, etc.

Tout cela pour des banquets allant de 25 à 650 personnes, quelle belle époque ! Mais était-ce rentable ? Telle est la question.

C'est en septembre 2000 que j'ai découvert la cuisine de collectivité dont j'ignorai complètement les rouages et les habitudes. Me voilà du jour au lendemain plongé dans un environnement tout à fait différent de mes habitudes culinaires.

Des potages lyophilisés, de la purée de pommes de terre en poudre, de la viande en tube, des œufs cuits durs conservés au « formol ». Des omelettes surgelées prêtes à gonfler en cuisant, des sauces de base en pâte et en poudre, des granulés qui ressemblent à ce qu'on donne aux lapins ou aux chats, mais qui sont en fait du roux pour lier les sauces. Des légumes râpés en boîtes ou en sachets, de la salade nettoyée en vrac sous atmosphère, des fish-sticks de poisson reconstitué, et que dire de la salade de crabe au surimi…

J'ai décidé de liquider tous ces produits progressivement de ma cuisine en allant d'abord moi-même au marché faire mes achats de légumes frais pour les potages et toutes les préparations qui en demandent. J'ai ensuite cherché des idées novatrices pour éliminer tous ces produits finis et pour ne plus utiliser les fonds de sauce en pâte industriels.

Quelle belle surprise de constater qu'au niveau du budget qui m'était alloué par personne au quotidien, le fait de remplacer les produits finis par du frais n'augmentait en rien le prix d'un repas et même mieux, les cuisiniers retrouvaient la joie de cuisiner plutôt que d'ouvrir des sacs ou des pots pour un résultat bien différent.

Il est vrai qu'avant moi, ils avaient plus de temps libre durant les heures de travail. Avec une bonne organisation, un planning précis et un sacré coup de main du chef qui les aidaient toute la matinée, les jours de gros services, on y est arrivé et après quelques mois les merdouilles d'avant n'étaient plus qu'un mauvais souvenir.

Autre constat, le restaurant du personnel est passé de 120 à 360 personnes tous les midis en quelques mois et ça c'est le plus beau des résultats.

Tout cela a encore évolué et progressivement, j'ai décidé de passer aux produits de l'agriculture biologique pour toutes les livraisons, même pour les vins, les bières et les softs servis au comptoir, ma direction m'a suivi pour autant que je respecte bien mon budget.

Voilà pourquoi je me suis équipé d'un logiciel spécifique à la restauration pouvant gérer les stocks, les entrées et les sorties, mais surtout me permettant de créer des fiches techniques précises et au gramme près pour toutes les recettes élaborées en cuisine.

Avec ce système, je pouvais au jour le jour voir le coût de mes menus et les équilibrer en fonction des prix de certains plats.

Après une année, j'utilisais 15 % de produits bio et lors de mon départ en 2011, nous en étions à 82 % sans avoir touché à un EURO CENT du budget.

Lors de mon arrivée, le budget pour une personne par jour uniquement en matières premières était de 125 francs belges (3,09 €) pour un potage, un plat, un dessert, du pain et une boisson.

Onze ans plus tard lors de mon départ, le même menu revenait à 3,75 € en tenant compte de l'indexation, de l'explosion des prix au passage à l'EURO et des achats à 85 % en produits, bio, locaux et durables.

Pour en arriver là, il m'a suffi de bien réfléchir aux gestes quotidiens et de trouver des recettes qui permettaient de remplacer le conventionnel par du bio en faisant des économies intelligentes tout en supprimant le prêt-à-porter culinaire qui en réalité coûte très cher.

Ce sont des aliments sains qui ont trouvé d'autres « fonctions » dans notre façon de cuisiner. Actuellement, fort de cette expérience, je donne des formations aux cuisiniers de collectivité en expliquant les trucs et ficelles que j'ai mis au point pour équilibrer un budget culinaire à grande échelle sans délier de bourse et ça marche.

L'idée est d'expliquer par des gestes concrets que les produits existants dans l'agroalimentaire industriel sont remplaçables par des matières premières de qualité, durables. La pratique mettra en évidence l'utilisation de légumes et de fruits de saison en tant que liant, garniture, condiment et autres préparations qui ne demanderont pas forcément plus de travail pour autant que les techniques contemporaines soient utilisées.

La soupe de poisson fin en cuisson inversée et la crème flottante au persil

– Huile d'olive
– ½ oignon
– 4 branches de céleri vert
– 1 carotte
– 100 gr de champignons
– 1 gousse d'ail
– Thym et laurier
– 1 c à s de concentré de tomate ou 2 tomates en saison
– Brins de persil
– 4 dl fumet de poisson maison
– 1 dl de vin blanc sec

– 400 gr de filet de poisson à votre goût (bar, dorade, truite, saumon, lotte, etc.)

– 2 dl de crème fouettée

– ½ botte de persil plat

– Sel de mer et poivre noir du moulin

1. Mixer tous les légumes en brunoise, les mettre dans une casserole avec l'huile d'olive, l'ail, le thym, le laurier, le concentré de tomate et les queues de persil.

2. Laisser mijoter 2 minutes sans coloration, ajouter le vin blanc et le laisser évaporer complètement le vin, ajouter le fumet de poisson et donner un bouillon, ajouter sel et poivre et laisser infuser sans cuisson.

3. Couper le poisson en fines lanières et le mettre dans la soupe toujours sans cuisson.

4. Blanchir les feuilles de persil, les mixer pour obtenir une purée de persil et dès qu'elle est froide, l'incorporer à la crème fouettée.

5. Donner un dernier bouillon à la soupe, rectifier l'assaisonnement et servir en assiette creuse chaude en surmontant d'une quenelle de crème au persil.

Pour un vrai fumet de poisson, demander 1 kg d'arêtes de sole chez le poissonnier. Les mettre dans une grande casserole avec 4 à 5 fois le volume d'eau froide. Mettre à cuire tout en écumant beaucoup et sans gros bouillons afin que le fumet soit limpide. Dès qu'il n'y a plus d'écume, ajouter thym, laurier et 4 gros oignons émincés très finement au préalable. Laisser frémir lentement durant 20 minutes au maximum, sinon le fumet aura trop le goût d'arêtes.

Passer au chinois fin et mettre de frais dès refroidissement. Peut se congeler et petites portions pour utiliser ultérieurement en cuisine, par exemple dans une forme pour faire des glaçons ou des récipients de 1 à 2 dl.

C'est la cuisine à l'envers à l'hôpital et en maison de retraite ?

On va à l'hôpital pour guérir non ?

Et en maison de retraite pour y être bien durant quelques années encore ?

Mourir, cela n'est rien,
Mourir, la belle affaire !
Mais vieillir, oh vieillir…

Jacques Brel 1977 (Fondation Jacques Brel-Bruxelles)

Lorsqu'on m'a placé une prothèse totale du genou en 2006, j'ai reçu des faveurs incroyables.

Le chef de cuisine de l'hôpital était une connaissance et nous avions la même approche de l'alimentation saine pour tous. Ce qui me valait de recevoir le premier soir, la veille de mon opération, une assiette froide composée de saumon fumé, d'une mousse de poisson très fine et d'un crustacé, le tout accompagné d'une petite bouteille de vin blanc très sympathique.

Dès que j'ai pu marcher avec des béquilles, je me suis empressé d'aller saluer le chef en le remerciant pour ses attentions. Les dames qui livraient mes repas avaient dit le premier soir : « À mon avis, la 232 doit connaître le Chef… »

Il y avait tout de même un truc qui m'inquiétait. Pourquoi, sur mon plateau du petit-déjeuner, y avait-il du pain mou exécrable, de la confiture polonaise et de la pâte à tartiner industrielle ? Le sommet étant les portions de margarine « light » en lieu et place de beurre…

Je suis pourtant convaincu que chez nous, il existe de petites portions individuelles de beurre frais.

Or, on sait que le beurre est un apport naturel de vitamines A, D et E. Cette dernière étant une vitamine anti-oxydante qui permet de lutter contre le vieillissement des cellules en protégeant leur enveloppe lipidique contre la dégradation. Donc, on cicatrise plus vite si on a été opéré dernièrement !

Je pose donc la question au service des achats de l'hôpital qui me répond que c'est comme cela et point barre !

Rentré chez moi et après plusieurs recherches, dont l'avis de personnes qui travaillent dans le milieu hospitalier, j'avais la réponse :

« C'est pas compliqué, le délégué de chez U-chose, il a des enveloppes à distribuer aux acheteurs » ! Ah bon, et y a quoi dans ces enveloppes ? « Plusieurs voyages d'une semaine pour deux personnes aux Baléares à l'achat de 100 000 portions de margarine… » !

Faites le compte, à trois portions par plateau 365 jours par an, combien ça fait pour 200 chambres minimum dans chaque hôpital ?

Et dire qu'une seule portion de beurre suffirait pour tartiner le pain le matin avec en plus des vitamines naturelles, alors qu'elles seront souvent chimiques et ajoutées à la margarine. Les additifs et auxiliaires technologiques de la fabrication de la margarine comprennent les émulsifiants, les colorants, les vitamines, les arômes artificiels, le sel, les produits conservateurs et les régulateurs de PH.

Mieux encore, de nos jours, j'y ai vu des portions de margarine améliorées au beurre… Quand je vous écris qu'on nous prend pour des cons !

Alors que du vrai beurre au lait cru, c'est de la crème fraîche battue, filtrée, puis mise en mottes de 250 ou 500 g ou en petites portions de 10 g.

Sauf chez certains industriels du beurre qui font la démarche inverse. On leur livre de la matière grasse liquide à une certaine température en camions-citernes de près de 30 000 litres, souvent en provenance de Hollande. Ensuite un procédé « maison » transforme ce « beurre clarifié » en beurre frais, tout un processus trop compliqué pour moi et parfaitement inutile. Sauf que ça donne du travail à des centaines de personnes, voilà à mon avis, le seul intérêt !

Je pense qu'avant de placer un parent proche dans une maison de retraite, il serait intéressant de d'abord visiter les cuisines et surtout le local aux produits secs que je qualifie de caverne d'Ali Baba…

Des épices classiques diverses, mais surtout, des seaux de 5 à 10 kg, des sacs de 5 à 25 kg de toutes sortes de poudres pour les futurs « potages », des poudres au goût de viande, de volaille ou de poisson, des granulés ressemblant à de la nourriture pour chats, qui en fait sont différentes sortes de « roux » pour lier les sauces.

Il y a pour « faire très professionnel », du roux blanc, du roux blond et du roux brun, comme dans la vraie cuisine !

Mon métier de consultant culinaire en restauration de collectivité était une des facettes de mon métier. Pris par l'émotion lors de chaque visite à mon Papa, je n'ai pas eu l'audace d'aller voir en cuisine ou dans les réserves, si ce qu'on lui donnait à manger était naturel ou pas ! Mea culpa !

Qu'on arrête de se foutre de la gueule de nos anciens avec ce qu'on leur met dans la gamelle !

Avec leur grand âge, il devient normal de leur donner à manger un peu comme quand ils étaient bébés. Des viandes hachées très menu, des purées de pomme de terre et de légumes, des viandes attendries, des « filets de poissons sans arêtes », etc.

Ce n'est toutefois pas une raison pour leur balancer en permanence des poudres, du surgelé, des mixtes horribles, des morceaux de poisson trop carrés pour être vrais. Même s'ils viennent de chez le Capitaine Machin. Des trucs complètement insipides (oui, ça j'ai quand même goûté !) et des desserts industriels tout faits. Bin oui, c'est plus facile pour les cuisiniers. Et en plus, les acheteurs pensent (eux qui ne savent même pas cuire un œuf !) que c'est moins cher.

C'est faux sur toute la ligne, bien sûr le personnel cuisinier a le temps de commencer à 10 h. D'aller fumer sa clope toutes les 20 minutes au-dehors, de jouer à la belote dans la cave, etc. (Je jure que je l'ai vu de mes propres yeux dans un établissement à caractère public… comme quoi !)

Ce n'est pas compliqué et il ne faut pas être cuisinier pour faire bouillir de l'eau dans la douche, d'y ajouter la poudre de chez K dix minutes avant le service, d'y mettre « une touche personnelle » avec une épice quelconque, un peu de crème industrielle de chez D et d'intituler le nom de ce potage : « La crème Parmentier aux effluves de curry indien. »

Mon œil, de la poudre aux yeux et de l'eau !

Que dire de la cuisine centrale d'un grand hôpital de Bruxelles, qui m'a demandé conseil pour évoluer vers ce qui est tendance de nos jours et pour obtenir son inscription à la charte « Green Deal et label Cantines Durables » ?

J'ai effectivement fait un premier tour des cuisines gérées par la plus grosse société qui propose ses services « culinaires » dans notre pays. Le concept vient de France et nourrit tous les jours plus d'un million de personnes en Belgique.

Il y a plus de 4 000 collaborateurs qui œuvrent pour le plaisir de quelque 70 000 clients sur plus de 1 199 sites. Cinq Belges sur vingt sont concernés par cette société dirigée à mon avis, par deux ou trois grosses fortunes d'Europe… ou bientôt une seule de Chine !

Voici ce que j'y ai découvert en visitant les cuisines, les chambres froides et les congélateurs, la salle des produits secs et tout le reste.

Des patates en boules sous vide conservées dans un jus épais avec plein de « E » suivis de 3 chiffres sur l'emballage.

Du carré de porc reconstitué, sous vide également, et qui, mis au four dans son emballage d'origine à 85 °C, donnera des tranches très régulières et d'un calibre aussi précis qu'une brique de maçonnerie.

Des chicons arrivés précuits et sous vide en sacs de 50 pièces, même technique de réchauffe que le carré de porc précédent.

Pratiquement tous les légumes et les féculents sont surgelés, les chambres froides de congélation sont remplies au maximum.

Le plus beau c'est que ma proposition de conseiller culinaire pour l'évolution vers le durable a été refusée par la direction des achats.

Un an plus tard, je vois au JT les images de ce même hôpital qui est devenu membre officiel de la charte de qualité du Green Deal avec le Label Cantines Durables.

Or à la vue des images, comme quoi le cuisinier n'aurait pas dû ouvrir ses frigos devant la caméra, tout était blindé de produits industriels de marques très connues dans le milieu.

Oh le con ! Cela me montre tout le sérieux et les compétences des responsables qui font signer cette charte à tour de bras. Mais cela ne prouve strictement rien.

Y aurait-il un lien politique derrière tout cela ?

Quelques petits pour cent de produits durables et locaux suffisent pour obtenir ce document. Mesdames ou Messieurs les ministres de la santé, oui, il faut savoir qu'en Belgique on est particulièrement gâté, il y a une ou un ministre de la santé dans chaque région et une ou un ministre de la santé au fédéral…

Il faut arrêter de rire et ne plus dépenser des millions d'euros inutilement. En fait, c'est l'argent des contribuables que nous sommes qui est utilisé pour payer un certain nombre de fonctionnaires et de consultants privés qui n'y connaissent rien.

Je peux très bien comprendre l'acteur-réalisateur et cinéaste Bouli Lanners, mon acteur fétiche liégeois. Il a pété un câble un jour en traitant nos responsables politiques de bouffons lors du dernier confinement. C'est juste pareil.

Avec mes connaissances de l'évolution lente obligatoire pour le passage au durable et au local dans un restaurant de collectivité, j'ai proposé à une ministre de la Santé d'aider son cabinet gratuitement.

J'imaginais qu'en tant que jeune « retraité », je pouvais me rendre utile envers la communauté avec mes compétences professionnelles acquises.

Réponse d'un conseiller du ministère : « Merci pour votre proposition, mais notre effectif est au grand complet ».

Quand on vous dit bouffons !

Il y a effectivement certaines règles incontournables que vous ne pouvez gérer, aussi bon cuisinier que vous soyez si vous n'avez pas reçu les bonnes informations. De même que certaines méthodes impératives pour arriver à un bon résultat.

Cela m'a pris deux années avant de pouvoir affirmer avec preuves à l'appui qu'on peut de nos jours faire du bio, du durable et du local à un prix presque égal à la malbouffe conventionnelle. Mais comme c'est la chasse gardée du système actuel…

Profits et encore profits, rendements et encore rendements, plein les poches et encore plein les poches ! Pour qui ? Uniquement pour les quelques richissimes qui nous dirigent par le bout du nez, et sans s'en rendre compte, on suit comme des agneaux.

J'ai décidé de leur faire un bras d'honneur.

Bon, ça suffit pour aujourd'hui, j'en reste là !

Voici tout de même mon quotidien lors de ma dernière hospitalisation.

Le matin

Café avec deux portions d'un truc qui devrait être du lait, mais qui n'en est pas. Deux petits sachets de sucre blanc de betterave bien raffinée. Deux portions de confiture au sucre, pardon, aux cerises de Pologne. Deux tartines de pain gris industriel, mou et trop carré pour être vrai, bien emballé dans un plastique. Deux portions de margarine aromatisée au beurre.

Vraiment n'importe quoi, le mot beurre est écrit de la même taille que la marque de la margarine afin qu'il y ait confusion bien sûr ! Une tranche de fromage fondu à la couleur du Cheddar, mais qui n'en est pas, de nouveau dans un emballage plastique.

Ah oui, j'oubliai, il y avait un jus d'orange en Tétra Brick à base de concentré. Finalement, la meilleure chose de ce matin-là, c'est le bonjour et le bon appétit que m'a dit la préposée au service dans les chambres !

Le midi

Là, c'est le sommet de la journée.

Le potage intitulé au chou-fleur et dont la composition est indiquée sous le bol en plastique : *eau, chou-fleur, pomme de terre et sel*. Basta, ni oignon, ni blanc de poireau, ni panais, ni navet, ni céleri rave (allergène). Même en petite quantité, afin de diminuer le côté âcre du chou que certaines personnes n'aiment pas.

Comment voulez-vous faire un bon potage uniquement avec du chou-fleur et de la pomme de terre ?

Dans l'assiette en trois compartiments : pommes de terre toutes du même calibre, polies comme si c'était fait au papier de verre, comme pour poncer une porte ! Dégueulasses, sans goût et à peine cuites. Le saumon d'élevage en ferme industrielle de Norvège archi cuit baignait dans une sauce colée à la Glu au goût de flotte assaisonnée.

Pour terminer, les haricots tellement sautés à la margarine en spray qu'on aurait dit une boule verte compacte immangeable.

L'apothéose du dessert était la meilleure chose sur ce plateau. Des prétendues mirabelles qui avaient le goût de prunes basiques et qui trempaient dans un sirop de sucre aussi liquide que de l'eau.

Le soir

Les mêmes tartines que le matin, deux portions de margarine au beurre, une assiette avec du pain de viande archi cuit avec du sang coagulé au centre. Une salade de carottes au chou blanc au dressing industriel en forme de boule, deux portions de moutarde de Dijon venant de je ne sais où, comme si on n'en faisait pas en Belgique !

Le dessert quant à lui avait un bel aspect de cake au chocolat, mais lorsque je l'ai goûté, le goût artificiel chimique a pris le dessus sur le chocolat et il est parti à la poubelle !

Oh que je suis heureux des surprises que m'a faites mon épouse en ouvrant ma valise.

Des biscuits à la farine complète au chocolat, des petits bâtons de chocolat local, des tartines de mon pain au levain, du sirop de chez Joseph Delvaux, du saucisson sec bio, des portions de fromage bio et j'en passe ! Je suis sauvé ! J'ai survécu !

Petite information aux acheteurs de cet hôpital.

Le jus d'orange du matin, s'il est naturel, il faut le boire vingt minutes avant de manger ou alors deux heures après car il empêche une bonne digestion vu son apport d'acides dans l'estomac.

Je reste convaincu que quand on va à l'hôpital, c'est pour se soigner et cicatriser là où c'est nécessaire.

Or avec une telle alimentation, c'est impossible.

Je suis persuadé que si les acheteurs et les intendants des hôpitaux ou des maisons de retraite étaient vraiment compétents, ils réfléchiraient à deux fois.

Mais ça, je n'en suis pas certain !

Preuve à l'appui avec ce directeur de l'hôpital de Bologne en Italie. Il a réussi son pari de croire qu'avec une alimentation saine et locale, le patient occupera sa chambre moins longtemps et ce sera tout bénéfice pour les bourses de l'établissement.

Quand on sait combien coûte une nuitée à l'hôpital ou en maison de retraite. CQFD !

Mais ça en arrange beaucoup que ce petit jeu continue, ils en mettent plein les poches.

De toute façon, ce sont nos impôts qui règlent la note.

J'en profite pour défier n'importe quel responsable d'un établissement hospitalier ou d'une maison de retraite. Pour lui démontrer les possibilités de faire des repas de qualité tout en respectant un budget précis et en cuisinant local et de saison.

Pour les personnes à risques et qui sont au régime strict, il y a des solutions dans la nature qui nous entoure. Il est évident que les patients atteints de maladies graves, et qui ne peuvent se nourrir, doivent l'être par d'autres moyens, c'est essentiel.

Il faudrait juste que les cuisiniers changent leur fusil d'épaule. Qu'ils se retroussent les manches en évitant d'utiliser à outrance les potages lyophilisés, les poudres et les pâtes aromatiques artificielles au goût de viande, de poisson ou de crustacé.

Bien sûr, c'est plus facile que de faire de la vraie cuisine avec des produits frais et de saison. Il faudrait qu'ils sortent la tête du guidon et à mon avis, ça raccourcirait leurs longues poses journalières dont ils doivent avoir l'habitude.

Il m'est impossible de passer sous silence le livre que je viens de terminer écrit par Victor Castanet, intitulé *« Les Fossoyeurs ! »* aux Ed. Fayard. L'exemple cité ci-dessus concerne un hôpital, mais les maisons de retraite ou dites de repos, ne sont pas blanches de tout soupçon, que du contraire.

J'ai fréquenté trois maisons de retraite lors des dernières années de vie de mon Papa. Je peux confirmer que la première était catastrophique, la deuxième était acceptable et la troisième dans laquelle il est resté plus de deux ans était au top !

Pour information et sur simple constatation, malgré l'évolution extraordinaire du corps médical en matière de techniques et d'outillages en salles d'opération, les possibilités d'augmenter notre temps de vie sur terre, les parkings des hôpitaux que je vois autour de moi sont complets toute la journée.

Y aurait-il une cause à effet de ce que les gens mangent de nos jours ? En principe, une nourriture saine devrait nous maintenir en forme et la nature a tout prévu pour nous soigner non ?

À SUIVRE de près !

Le steak haché pur bœuf de Blonde d'Aquitaine aux trois purées et la galette de polenta aux noix grillées et concassées, parfum exotique de curry et de cumin :

– 4 steaks hachés de bœuf local
– Sel de mer et poivre noir du moulin
– Huile d'olive
– 200 g de petits pois frais ou surgelés
– 200 g de carotte
– 200 g de panais
– Beurre et crème fraîche
– 80 g de lait
– 80 gr de bouillon de volaille

– 60 g de semoule de maïs
– 12 cerneaux de noix grillées et concassées
– Curry et cumin

1. Dans une sauteuse, faire cuire ensemble le lait et le bouillon de volaille, dès l'ébullition, retirer du feu et ajouter la semoule de maïs en une fois et bien mélanger à la spatule, remettre sur feu doux et cuire quelques minutes, saler, poivrer et ajouter les noix concassées, bien mélanger et verser dans un moule.

2. Laisser refroidir et mettre au frais, avant de servir, démouler la polenta et la couper en rectangles de 3 x 6 cm, au dernier moment, les poêler sur chaque face à l'huile d'olive très chaude et servir posé sur une feuille de saison.

3. Cuire les 3 légumes à l'eau légèrement salée séparément, les égoutter et les mixer en purée, ajouter à chacune un peu de beurre et de crème fraîche, sel et poivre, puis tenir au chaud.

4. Cuire les steaks hachés dans une poêle avec un peu d'huile d'olive, sel et poivre, les maintenir rosés au centre.

5. Sur assiette chaude, dresser la viande et entourer des 3 purées en quenelles ainsi que de galettes de polenta. Servir de suite.

Voici une recette que j'ai composée pour donner du bonheur à nos aînés en maison de retraite où j'étais conseiller culinaire, à chaque fois les assiettes rentraient vides, ce qui n'est pas souvent le cas de nos jours…

Des frites et de la bière, il n'y a pas qu'au foot ou à la kermesse locale !

Il y a quelques années, j'ai proposé à mon club de foot préféré de faire venir un Foot Truck (et non Food Truck !) lors de chaque match. Afin de proposer des frites, des hamburgers et des boissons de qualité, locales et durables aux supporters, avant, pendant et après chaque match de foot.

La réponse du responsable me laissa sceptique, car un contrat liait le club avec un brasseur local et avec une « *friterie* » ambulante. Il fallait attendre une prochaine signature de contrat ou une éventuelle montée en division supérieure qui lancerait la construction d'un nouveau stade. Patience programmée, et je reste convaincu que vouloir, c'est pouvoir !

En attendant ce grand jour, et étant président du mouvement international Slow Food Liège, je peaufine ce projet, cela va se voir et s'entendre au moment voulu.

Je visite une fois par trimestre la friterie de ma région. Il y a en général entre 11 h 30 et 14 h ou entre 18 h et 21 h, une file d'attente d'au moins 10 à 15 personnes. Tout est bien organisé et je suis à chaque fois admiratif.

Ce qui me laisse le temps de voir comment travaille le personnel, avec efficacité et tous les gestes sont parfaits et pratiquement sans failles. Mais aussi de regarder de quoi se compose l'immense comptoir frigo qui sert de mise en place aux « *cuisiniers* ». D'observer le nombre de récipients munis d'une pompe et remplis de sauces industrielles. Même la marque est indiquée sans scrupules sur tous les pots.

Voici de quoi se compose souvent ce fameux comptoir frigo dont en général, seules les boulettes sont faites maison, mais rien n'est vraiment certain. Tous les grands classiques des friteries belges. Fricandelle, Viandelle, Poulycroc, Mexicanos, Loempia, Croquettes et autres boulettes… En petit conditionnement ou en carton complet, n'hésitez pas à faire confiance aux grandes marques belges qui fournissent les friteries. Et je ne leur fais pas l'honneur de citer les marques, car elles sont aussi accessibles dans les congélateurs des supermarchés !

Il y a aussi les brochettes à la viande de singe surgelée, les imitations de cuisses de poulet avec un bois planté dans la viande de dinde reconstituée, un peu comme un Magnum. Les nuggets colorés chimiquement à la viande de dinde industrielle reconstituée, et que dire des hamburgers surgelés 100 % gras qui sont toujours entourés de givre du congélateur, mais qu'on recongèlera s'il y en a de trop après le service.

Vous comprendrez pourquoi je m'abstiens d'aller trop souvent dans ce genre d'établissement. Sauf si je suis satisfait de la qualité des frites cuites au blanc de bœuf. Je la repère facilement, mais je n'achète que des frites et une ou deux boulettes sauce tomate certifiées faites maison ! Pour autant qu'elles le soient !

Des nuggets vite fait, mais bien fait… Sauce samouraï maison !

– 8 hauts de cuisse de poulet fermier
– Sel de mer et poivre noir du moulin
– Épices à poulet
– 2 blancs d'œufs
– Farine de froment
– Chapelure maison (fines tranches de pain rassis, séchées puis mixées en chapelure)
– Mayonnaise maison
– Curry
– Curcuma
– Cumin
– Tabasco
– Tamari
– Ketchup
– Moutarde
– Harissa

1. Prévoir environ 300 g de mayonnaise maison et y ajouter tous les épices et condiments cités dans les proportions qui vous enchantent. C'est une question de goût, mais soyez généreux avec ces épices.

2. Désosser les cuisses de poulet, retirer la peau et aplatir chaque morceau entre 2 feuilles de film alimentaire avec le plat d'un poêlon ou d'une petite poêle.

3. Saler, poivrer et mettre des épices à poulet.

4. Battre légèrement les blancs d'œufs avec un filet d'eau. Tapoter les morceaux de poulet légèrement dans la farine, bien les secouer et les plonger un à la fois dans l'œuf battu.

5. Bien égoutter en passant sur le bord du récipient et mettre dans la chapelure sur chaque face et aplatir avec la main pour que cela tienne bien à la viande.

6. Dans une grande poêle bien chaude, mettre moitié beurre et moitié huile d'olive et y colorer les nuggets 2 à 3 minutes sur chaque face. Les débarrasser sur un papier absorbant et les dresser sur assiette avec la garniture d'accompagnement ainsi que la sauce samouraï en petit récipient individuel.

Des fleurs qui font 6 000 km en avion, est-ce normal ?

Je me souviens du reportage sur un des trois « acteurs » dont je faisais partie pour les Artisans du Changement, dans la série « L'Économie du Goût ». Jean-Guy HENCKEL, directeur du Réseau Cocagne en France, mieux connu sous le nom de Jardin de Cocagne, nous disait déjà il y a plus de 10 ans que c'était une hérésie totale de faire venir des fleurs de partout dans le monde entier, quelle pollution et quel gaspillage, une aberration totale disait-il !

Bon je sais, j'ai aussi l'habitude d'aller régulièrement chez mon fleuriste pour plusieurs raisons essentielles, d'abord, j'aime son travail, sa gentillesse et son professionnalisme et ensuite, quoi de plus beau que d'offrir des fleurs à quelqu'un qu'on aime !

Mais voilà, il y a bien longtemps que lorsque je rentre dans son magasin, une idée me vient à l'esprit. Comment fait-il avec son équipe pour vivre du matin au soir dans un milieu si beau, mais qui pourrait être un des plus pollués du monde ?

Je vous entends d'ici… Mais il est fou ce mec, qu'est-ce qu'il raconte ?

Toujours dans la série « On ne nous dit pas tout », un spécialiste en analyse de produits pouvant contenir des matières chimiques, comme les pesticides et les fongicides dangereux pour l'être humain, nous confiait la surprise suivante.

Après avoir analysé une vingtaine de bouquets de fleurs mixtes achetés un peu partout dans différents points de vente de Paris, voici ses conclusions qui sont pour le moins perturbantes.

Sur près de 200 fleurs, roses, tulipes, pois de senteur, glaïeuls, amaryllis, orchidées, œillets, chrysanthèmes et d'autres analysées, toutes sans exception contenaient des pesticides ou/et des fongicides !

Certaines contenaient plus de 27 mg/kg de produits nocifs interdits en Europe !

En Europe, dites-vous, mais on s'en fout, car elles sont cultivées au Kenya, en Éthiopie, en Colombie ou au Pérou, le tout avec les compliments des investisseurs hollandais sans scrupules, tant que le fric rentre dans leurs poches. Si là, je dois vous faire un dessin, alors c'est peut-être mieux que vous regardiez plus souvent de bons films d'amour sur Netflix, c'est moins risqué !

Un fleuriste répondait au journaliste que ce sont les clients qui veulent cela, toutes sortes de fleurs toute l'année, quelle que soit la saison.

NON, mensonge, c'est exactement comme pour notre viande nationale, le BBB, ce sont des personnes très intéressées qui mettent au point ce genre de variétés ou de races afin d'obtenir un très grand rendement et une rentabilité au grand comptant… Et ce tout en écrasant les petits, comme toujours !

Le commerce annuel de fleurs en France représente environ un chiffre d'affaires de plus de 450 millions d'euros. Or, un bouquet de petite taille (comme ceux qui sont « tout faits » achetés en grande surface) coûte entre 6 et 8,00 € au consommateur.

Une dame ouvrière, exploitée dans une entreprise de production de fleurs au Kenya qui emploie 1 300 personnes, gagne la somme de 85,00 €/mois ! Mais comme ce même bouquet qui coûte 6,00 € chez nous et qui a coûté 0,95 € au Kenya, insecticides et émissions de CO2 comprises, j'espère que vous aurez compris où je veux en venir ?

Je rappelle que là-bas il fait 25° de moyenne et que les fleurs ne quittent jamais les 4° de température, combien gagnent-ils eux comparativement aux gains de nos fleuristes locaux ? Et quelle énergie frigorifique dépensée à travers notre ciel… ?

Ils seraient en France une centaine de fleuristes sur tout le territoire à proposer des fleurs locales ou du moins qui viennent de France uniquement et non traitées de produits chimiques. L'exemple de Véronique, que j'ai vue dans son magasin parisien, propose toute une gamme de fleurs et de feuilles de saison suffisamment colorée à un prix supérieur de maximum 12 % du fleuriste conventionnel.

Personnellement je jure d'aller un de ces vendredis à Liège, il paraît que Ginger Flowers y fait de beaux montages en fleurs locales en saison et qu'en hiver ce sont des fleurs séchées qui composent bouquets et montages.

En fait, les fleurs, c'est comme les fruits et les légumes, il y a une saison et il suffit de la respecter, un point c'est tout.

Va-t-on droit dans le mur ?

Si j'ai pris la plume durant le confinement, c'est parce que chacun y allait de sa solution et que j'entendais déjà des discussions sur la manière de reprendre une vie et des activités « normales » dès que tout cela sera terminé… Et ça, je ne sais pas pourquoi, mais ça m'a énervé profondément !

Il y a plus de 25 ans, je comprenais que nous allions droit dans le mur sur beaucoup de sujets, et comme mon domaine, c'est la cuisine, c'est sur cela que je peux me permettre de donner un avis, sauf peut-être l'un ou l'autre égarement comme ça m'arrive encore bien, eh oui, l'âge est là !

Cinquante ans de fourneau, en tout cas d'expériences culinaires aussi variées qu'originales, me donnent le droit et même l'obligation d'avoir un avis précis et percutant sans avoir peur de qui que ce soit tant l'heure est grave.

Comme le dit l'expression « *Il n'y a pas de problèmes, il n'y a que des solutions* », je vais vous en donner des solutions et elles sont réalistes, actuelles, contemporaines et certainement faciles à réaliser au quotidien.

Il faut juste le vouloir vraiment, avec ses tripes et du courage, le vrai courage, celui qui va vous demander un peu de sueur, beaucoup d'énergie et un moral d'acier.

John De Sloovere, psychologue formé sur le terrain, m'a donné sa définition de la réussite en février 1992 : « *La réussite n'appartient pas à celui qui croit l'avoir trouvé, mais bien à celui qui la cherche encore et encore…* »

Winston Churchill n'a-t-il pas écrit ceci : « *La réussite, c'est aller d'échec en échec, mais toujours avec enthousiasme* », il y a de quoi méditer !

Loin de moi l'envie de donner des leçons, mais si nous revenions à des choses plus simples et plus raisonnables, peut-être y aurait-il un changement en vue…

C'est certainement le hasard, mais dans les mots confinement et consommateur, il y a de nouveau le mot con, vous allez comprendre que ça prend tout son sens.

1. ***Où faire ses achats ?*** Depuis l'annonce du confinement obligatoire, les gens se sont rués dès le lendemain dans les supers marchés et surtout dans les magasins de proximités, locaux et biologiques, pour faire la razzia sur certains produits de première nécessité.

2. ***Une idée ?*** 80 % de ces « nouveaux » clients, ne savaient pas la veille ce que signifiait acheter local et bio, j'ai même entendu une cliente demander du Caprice des Dieux dans ma boutique bio habituelle ! Alors, dès que tout cela sera terminé, continuez à faire vos achats près de chez vous, ou chez des producteurs locaux. Ils ont un savoir-faire bien plus respectueux de vous et de la terre que l'industrie agroalimentaire dans sa version actuelle. Et ne faites pas comme lors des dernières crises sanitaires, reprendre le droit chemin de la surconsommation à gogo !

3. ***Où fabriquer nos besoins vitaux ?*** Nous dépendons de pays très lointains en matière de masques médicaux, de téléphones portables, de petits cornichons croquants, de vêtements, de jouets, de chaussures, de petits oignons grelots, de crevettes géantes ou même plus petites, etc. J'arrête là, car il faudrait des pages entières pour les citer. Va falloir drôlement se remettre en question.

4. ***Peut-être une solution ?*** N'y a-t-il donc aucune entreprise capable chez nous de produire le nécessaire pour notre confort ou pour notre alimentation ? Bien sûr, mais la main-d'œuvre

lointaine est beaucoup moins chère et le profit généré par certains qui n'en ont rien à foutre de vous, gonfle le compte bancaire de personnes déjà plus riches que la normale ! Il paraît qu'une petite entreprise familiale fabriquait des masques médicaux à Fléron, mais d'autres pays étaient beaucoup plus compétitifs financièrement, elle a donc fermé ses portes dernièrement. J'imagine qu'on va leur demander d'en fabriquer à nouveau et le plus vite possible ! Savez-vous qu'il n'y a plus qu'une seule entreprise agricole qui cultive des petits cornichons et qui les met en pots pour votre plaisir gustatif en Europe ? Elle est située en Bourgogne et ses patrons se retroussent les manches 3 à 4 fois par jour pour récolter ce merveilleux nectar que nous dégusterons au vinaigre de vin ou à l'aigre-doux avec un bon pâté à gros grains, une charcuterie artisanale ou un excellent fromage au lait cru de nos campagnes ! Alors, pas d'hésitations, soyons créatifs et persévérants, c'est pour moi la seule clé du succès !

5. ***L'auto-alimentation ?*** Avec mon épouse, nous avons pris l'habitude de faire régulièrement un peu de vélo pour nous détendre et prendre l'air. Ayant le temps en roulant à mon rythme, quelle surprise de voir tous ces quartiers dont les maisons sont entourées de belles grandes pelouses ! À l'arrière, à part le jeu d'enfants et le cabanon de rangement pour la tondeuse, pas de traces d'un potager ou d'un petit lopin de terre cultivée. On se plaint du prix des fruits et des légumes chez le détaillant, alors que donner vie aux graines, aux plants à repiquer et aux arbres fruitiers peut vous procurer de quoi vous nourrir sainement en fonction de vos goûts, avec un rendement financier non négligeable. Ce ne serait qu'un ou deux bacs en bois de 1 m2, ce serait déjà çà, ne dit-on pas que ce sont les rivières qui font les grands fleuves !

6. ***Alors, jardinons !*** Il n'est pas nécessaire d'avoir la main verte, avec l'aide de votre ordinateur, vous allez comprendre très facilement les techniques pour retourner un petit ou un grand

carré de votre terrain avec une grelinette (maximum 10 cm de profondeur pour préserver le biotope et la vie de la terre). En fonction des saisons, poireaux, pommes de terre, oignions, haricots, betteraves rouges, navets, panais, carottes, salades diverses, mâche, et choux n'aurons plus de secrets pour vous avec la satisfaction de manger votre production tout en éduquant vos enfants ou vos petits-enfants à l'évolution de la vie de ces fruits et légumes « maison ». J'ai appris tout ça de mes parents, il faut juste avoir envie de le faire ! Mais que c'est agréable et ça détend après une belle journée de travail, à chacun son truc.

7. ***La loi 20/80 !*** Connaissez-vous l'expression « les 20/80 » ? C'est assez simple, sur notre terre, on prétend qu'il y a environ 20 % de gens qui sont très riches et 80 % qui ont un pouvoir financier moyen, normal ou inexistant, 20 % sont malades et 80 % se portent bien, 20 % sont propriétaires et 80 % sont locataires, 20 % sont malhonnêtes et 80 % sont fréquentables, 20 % ne vont jamais en vacances et 80 % y vont régulièrement et on peut continuer la liste ! Bin voilà, il reste juste à faire le bon choix et de se situer dans le pourcentage qui nous correspond !

8. ***Une surconsommation ?*** La surconsommation désigne un niveau de consommation situé au-dessus de celui des besoins normaux ou d'une consommation moyenne. Au-delà d'un certain seuil, la surconsommation est un facteur de surexploitation des ressources naturelles, pas, peu, difficilement, dangereusement ou lentement renouvelables. Quand va-t-on arrêter de construire des zones entières de magasins de plus en plus grands, chaque grand village possède son centre commercial aux abords d'une route principale. Il y a un peu partout des noms d'enseignes concurrentes en alimentation, en services bancaires, en bricolage, en garages, en loisirs divers et en toutes sortes de commerces. Ce qui est certain, c'est que le gâteau, il est là, il faut le partager équitablement. Or de nos jours, les parts ne sont plus égales, le

pouvoir financier des gens a ses limites et l'offre dépasse de loin la demande. On vit dans un monde virtuel et à ce jeu-là, on va se planter largement ! Où sont les magasins de village ? Quand il y a un bistrot, une boulangerie, une boucherie, un coiffeur, un garage, un restaurant, une épicerie ou d'autres commerces au cœur d'un village, c'est vraiment une exception, car cela n'existe pratiquement plus !

9. ***Acheter plus intelligent !*** Comme cela se passe de plus en plus de nos jours via des personnes conscientes de la situation, l'économie locale est et sera la solution d'avenir, en effet, relancer les petits commerces locaux avec un service pointu et jovial est la garantie d'une activité et d'un travail pour tous.

10. ***Eh bien non, moi j'y crois !*** Comme le dit un ami qui va certainement se reconnaître s'il me lit : « Tu sais Philippe, je suis vraiment d'accord avec toi, sur ton engagement, tes perspectives, ta conception du métier de cuisinier, ton tempérament souvent impulsif à ce sujet. Mais tu peux faire ce que tu veux, les affaires financières, l'industrie de l'agroalimentaire et les personnes puissantes de ce monde vont vous bouffer. Vous les écologistes, les optimistes, les bobos, les doux rêveurs et j'en passe. Eh bien, non valet (oui, là il faut vraiment être liégeois pour comprendre le sens) la situation de confinement actuelle prouve que les gens ont des idées, qu'ils vont se retrousser les manches et que quand ce sera passé, tout ce bazar qui nous oblige à plein de choses inhabituelles feront que nous ne vivrons plus dans le virtuel comme avant, sinon, ce n'est pas compliqué, on va se casser la gueule pour de bon !

En 2008, je me retrouve à la RTBF Charleroi pour l'enregistrement d'un débat télévisé autour de l'alimentation animée par David Lallemand avec plusieurs invités comme Nicolas Guggenbühl, nutritionniste de référence, le directeur de chez Danone Belgique, le directeur de chez Sodexo Belgique, Jean Ziegler, auteur et grand spécialiste du droit à l'alimentation dans le monde et la star des stars, Jean-Pierre Coffe !

Il nous a quittés en mars 2016, et en ce moment, son œuvre prend tout son sens, je ne peux pas parler à sa place, mais voilà ce qu'il aurait pu dire :

"Avec toutes les saloperies que vous mettez dans votre agroalimentaire industriel et avec toutes les manipulations génétiques que vous faites dans ce monde de cons, voilà le résultat, on est vraiment dans la merde…"

Le pain est élastique ou trop sec après plusieurs heures, tant il est dépourvu de nutrition essentielle, car les farines panifiables issues de l'agriculture intensive doivent être enrichies artificiellement avec des améliorants de toutes sortes, et la levure chimique est préférée au levain naturel.

Les boudins, les saucisses, le pâté et les mousses en charcuterie, pour ne citer que ceux-là, sont injectés de gras de porc passé au cutter pour en faire une pâte qui va faire du rendement, et comme ce sera cuit à basse température, ni vu ni connu !

La tête de veau ou fromage de tête est faite avec de la viande de porc, bin oui, ça coûte moins cher.

Les fraises n'ont plus le goût de fraise, j'en ai goûté une ce samedi 18 avril, paraît que ce sont les premières de Belgique (mais non, y en a toute l'année maintenant !) c'était de la flotte !

Dans les années soixante, des ingénieurs vétérinaires agronomes ont créé un croisement très subtil de ce que j'appelle la "race arienne" du bœuf belge, les veaux naissent tous via une belle césarienne bien recousue, car leur cul est déjà trop gros pour sortir par les voies naturelles de la vache. Quand ils seront adultes (observez bien cela dans les belles prairies de nos campagnes !), leur cul est tellement gros et difforme qu'on croirait des arrières d'éléphants, qui plus est en permanence recouvert de merde, car faut bien que ça sorte de quelque part !

Il y a trop de sel dans beaucoup de produits, et que dire du sucre, il y en a partout en trop grosse quantité, même dans les aliments dits salés ! Toujours le rendement financier ».

Rappelons qu'il y a autour de nous des artisans, des PME, des entreprises à taille humaine et des gens sincères qui travaillent avec leurs tripes pour vous présenter des produits de très haute gamme. Il y a certes un prix plus élevé, mais n'est-ce pas logique que les gens qui travaillent bien en soient récompensés !

Comme le disait mon papa qui avait peut-être senti arriver l'affaire virale que nous vivons : « De nos jours, mi p'ti fî, en wallon s'il vous plaît, le cher, c'est le bon marché et tu verras, d'ici quelques années les gens vont pleurer, ils vont retourner faire leur potager et ils se battront pour faire la file dans les magasins ! »

Pas plus tard qu'hier, en allant travailler vers 8 h 15, j'ai vu des dizaines de mètres de files devant les grandes surfaces d'alimentation et de bricolage. Eh oui, après 36 jours de confinement, ils se sont sentis subitement bricoleurs… comme quoi ?

Je terminerai ce message avec une énorme pensée pour Jean-Pierre Coffe, en le rassurant, on va s'en sortir ici-bas, ses efforts n'auront pas été vains, et surtout qu'il ne s'inquiète pas, j'ai vu un beau reportage il y a deux semaines sur France 5. Cette très intéressante émission « Silence, ça pousse ! » avec le très professionnel Stéphane Marie sur ce que devient sa propriété près de Châteaudun, dans l'Eure-et-Loire en France.

Son compagnon Christophe s'en occupe à merveille, tout est entretenu comme de son vivant et Dame Nature y trouve toujours son bonheur !

Je l'imagine au Paradis avec ses copains de route, Jean Carmet, Sim, Jean Yanne, Pierre Bénichou et tous les autres dont beaucoup faisaient partie du club des Grosses Têtes sur RTL et BEL-RTL. Il doit certainement leur faire mijoter ses spécialités, en buvant un bon coup, mais pas de n'importe quoi, du bon, du très bon et surtout pas de la meeeeeerde !

Qui apportera des solutions efficaces et adaptées à notre temps ?

On nous gave de partout avec ces expressions à la mode comme :

– C'est à cause du réchauffement climatique ;
– C'est la couche d'ozone qui pète un câble ;
– C'est à cause de tous ces pesticides et fongicides qu'ils déversent sur les cultures intensives ;
– Ce sont les techniques nouvelles qui foutent le bordel ;
– Dans le temps, y avait pas tout ça ;
– C'est la faute au changement des mentalités des nouvelles générations, etc.

Il y a certainement du vrai dans tout cela, mais si ma mémoire m'est fidèle et si j'ai bien compris ce que disent les « spécialistes », la terre et la nature en général s'adaptent à toutes les situations.

Faire marche arrière est-elle la bonne solution ? On n'en sait rien, et rien n'est sûr à ce sujet.

Qui de nos jours acceptera, moi le premier, de se séparer de son téléphone portable, de son PC, des fléaux sociaux auxquels beaucoup sont accros, des achats en ligne qui tuent les commerces traditionnels, des paniers de chez Hello machin avec fiches techniques à cuisiner dont la moitié des produits ont fait plus de 500 km pour arriver chez vous, etc. ?

Admettons que nous gardions tous ces acquis qui nous offrent confort et facilité, que faire pour arrêter cette marche en avant qui dévore tout sur son passage ? Que ce soit la nature, les êtres humains, les animaux, les végétaux et tutti quanti, si on n'y prend pas garde, il n'y aura plus rien sur notre terre dans plusieurs centaines d'années, ou peut-être avant !

Sans donner de leçons à qui que ce soit, je me suis mis à rêver de solutions à tous ces problèmes causés par notre société dite de consommation. Et pour ce faire, il est hors de question que je fasse marche arrière dans un seul domaine. L'idée est de justement apporter de l'originalité et surtout de la réalité quotidienne à tout ce bordel actuel !

Pour une question d'organisation, je vais donner des exemples qui seront suivis de solutions qui me semblent les plus plausibles. Quoique je ne sois qu'un simple cuisinier à la retraite, il y a certainement autour de moi des personnes plus qualifiées dont les compétences sont reconnues de tous. Mais, malheureusement, de nos jours un euro c'est un euro et c'est comme cela depuis des lustres. C'est ce foutu fric qui nous tient par le bout du portefeuille et qui étale ses règles incontournables de notre société de surconsommation !

Depuis la création de l'argent, l'idée de frapper des pièces en métal précieux naît autour de la mer Égée vers 650 avant Jésus-Christ, l'homme fait n'importe quoi pour être plus riche que son voisin.

Avant cela, il y avait le troc, ce sont les civilisations les plus anciennes qui ont commencé à utiliser le troc pour échanger. L'Égypte ancienne, notamment ou des peuples amérindiens n'ayant pas encore de monnaie, échangeait des biens afin de pouvoir obtenir ce dont ils avaient besoin. L'économie était donc basée sur le troc.

Pour faire bref et comme il y a autant d'énormités qu'il y a de pays dans ce monde de fou, j'écris cela sous forme de questions/réponses assez courtes (quand c'est possible !) :

1. ***Pourquoi la sécheresse que nous connaissons depuis plusieurs années détruit-elle nos campagnes et plus particulièrement chez nos agriculteurs ?***

Peut-être parce qu'on fait de la culture intensive à tout va depuis des dizaines d'années et qu'on ne laisse plus le temps au temps, cela au nom du rendement. Peut-être serait-il souhaitable de devenir raisonnable et que nos « politiciens » obligent un retour incontournable à la permaculture ou à d'autres méthodes naturelles. Technique qui épargne l'eau et donc celle de pluie, même en petite quantité. Elle suffira largement à maintenir l'humidité nécessaire sous la couche de 8 à 10 cm de matières naturelles placées entre les lignes des céréales, des légumes et d'autres matières premières nécessaires à l'homme. Pour cela, il faudra travailler différemment et remplacer le gros pulvérisateur auto motorisé dernier cri par un épandeur modifié de 10 tonnes. Il suffit de le demander chez Joskin à Soumagne, je suis persuadé qu'ils en sont capables !

2. ***Les constructeurs l'ont bien compris, il n'y a plus une marque de voiture qui ne conçoive son modèle de voiture électrique, mais d'où viennent les batteries et comment va-t-on les détruire en fin de vie ?***

On a bien trouvé un vaccin sur le Coronavirus en trois mois... Qu'on ne me raconte pas qu'il n'y a aucun ingénieur capable de réaliser des batteries avec d'autres matériaux que ceux venus d'Asie ou d'Amérique du Sud. Le défi est lancé, messieurs les « malins », à vous de travailler ! Idem pour les téléphones portables, les panneaux solaires, etc. Quant au recyclage, j'ai vu une émission très intéressante sur ce sujet et il y a en Belgique une ou plusieurs sociétés qui recyclent ce genre de matériaux, y a plus qu'à faire !

3. Contre le réchauffement climatique, et suite à quelques films qui ont littéralement ému nos concitoyens, « ils » vont de réunions en sommets pour le climat. Que ce soit à Paris, à Rio ou à Washington, « ils » repartent à chaque fois avec de bonnes intentions, mais en réalité, ils ne font rien, c'est chacun pour sa pomme et basta ! Mais que faire ?

Peut-être que pour une fois, il faudrait qu'ils se conduisent en vrais responsables des productions internes dans leur pays ! Je réalise parfaitement que tout cela va être très difficile à mettre en place, mais si personne ne bouge ou ne donne l'exemple, on n'arrêtera pas de tourner en rond. Il y a déjà une infime partie d'entreprises qui en sont conscientes et qui évoluent sans trop de soucis dans ce sens. Comme ce sont les petites rivières qui font les grands fleuves !

4. **Contrairement à ce qu'on nous raconte, il n'y a pas que les jeunes qui sont accros aux techniques nouvelles, aux fléaux sociaux, aux boissons énergisantes, au commerce en ligne, à la vie dans le virtuel permanent, etc. Qui va prendre ses responsabilités rapidement avant que tous ces gens ne deviennent dépendants de grands lobbies (qui se remplissent les poches à notre insu) ? De même pour ces autres personnes qui sont complètement déconnectées de la réalité en vivant en permanence dans l'assistanat voulu par certains partis politiques depuis belle lurette ?** *C'est assez simple, mais il faudra juste le vouloir profondément et avoir beaucoup de vrai courage, et d'autres imaginations que celles proposées par les quelques personnes les plus riches sur cette planète. Ce ne seront pas les idées nouvelles qui vont manquer, le plus difficile sera à mon avis d'appliquer ce à quoi on pense et arrêter de bluffer en continu. Comme j'aime le répéter, l'avenir n'appartient pas à celui qui croit l'avoir trouvé, mais bien à celui qui continue à le chercher encore et encore ! Et voilà...*

5. ***Sans tomber dans le cliché de vivres comme il y a plusieurs dizaines d'années, et avec toutes les connaissances que nous avons, qui va se retrousser les manches pour éviter que nous allions droit dans le mur ?*** *Sur ce point-là, je suis très confiant vis-à-vis de notre jeunesse, de nos enfants, de nos adolescents et des êtres conscients de ce qui va nous arriver si on ne change pas nos foutues habitudes. Ne prenons que l'exemple des dépôts sauvages le long de nos routes, qu'il s'agisse de poubelles, de cannettes ou de bouteilles en plastique, c'est une honte ! Heureusement que nos enseignants en parlent de plus en plus dans les écoles afin de sensibiliser nos enfants pour qu'ils adoptent une attitude positive devant une telle situation.*

De nos jours, sait-on encore ce qu'est réellement la saison ?

Ce matin de mai, j'ai dégusté la première pêche blanche qui nous vient de Sicile, un délice auquel je n'ai pas su résister. Mais je me réjouis tout de même de manger les premières que produira mon verger !

Avant-hier, c'étaient les premières fraises qui viennent de Ternat près de Bruxelles, elles avaient un goût de flotte ! Bio mon œil, pourtant, c'était bien noté AB sur l'écriteau dans mon magasin habituel !!! Je n'ai rien dit au boss, mais depuis, j'ai acheté les premières fraises au magasin bio du coin et elles venaient du Brabant wallon et avaient un goût exceptionnel.

Là, j'attaque les premières asperges locales, j'adore les grosses blanches, et quand elles sont cuites « al'dente », j'en mangerai 4 ou 5 d'affilée à l'insu de mon épouse qui criera : *« Mais qui a mangé des asperges » ?*

En juillet, il y aura les premiers haricots verts, en août ce sera les premières tomates et les poivrons de mon potager. Début septembre, les pommes et les poires locales, etc.

Je crois l'avoir répété à de nombreuses occasions, mais mon plus grand rêve serait de pouvoir mettre un panneau géant multicolore avec le calendrier des saisons au rayon fruits et légumes des supermarchés de ma région ! Cela nous ferait un sacré bordel pour les acheteurs de n'importe quoi et n'importe quand dans les grandes surfaces qu'il faut bien achalander à tout prix !

80 % des personnes ne savent plus ce qu'est le rythme des saisons à ce niveau. Par contre, s'il y a une connerie ou l'autre à acheter sur le Net en provenance directe d'un autre continent, on s'en fout. On l'achète, là, on est certain qu'il n'y a pas de saison !

Quitte à passer pour un casse-pieds, il serait temps de s'y mettre et d'arrêter de faire plaisir aux industriels qui nous imposent leurs saloperies. Ce n'est tout de même pas compliqué de comprendre qu'il y a une saison pour tout, qu'il faut impérativement la respecter, sinon, notre écosystème sera mis en l'air pour de bon et il n'y aura plus de marche arrière possible.

Le plus grand paradoxe de notre époque est pourtant d'admirer l'évolution incroyable de la recherche médicale et chirurgicale, et à côté de cela, de voir qu'il y a de plus en plus de maladies nouvelles, d'intolérances à certains aliments, d'allergies de toutes sortes et avec pour effet, de voir les parkings des hôpitaux surchargés, où vous devez faire le tour dix fois avant de trouver une place !

La faute à qui ? Aux producteurs de toutes sortes qui ne travaillent plus pour la santé correcte des consommateurs, mais uniquement pour faire du chiffre d'affaires et se remplir les poches.

Dernier exemple en date : le géant dans le domaine de l'alimentation Nestlé admet dans une publication interne que plus de 60 % des produits qu'il vend ne sont « pas conformes à la définition de la santé », selon le Financial Times, qui a consulté cette publication. De plus, Nestlé y admet que, quels que soient les efforts qui seront faits à l'avenir, certaines catégories de ses produits ne pourront jamais être considérées comme « sains ».

Beaucoup de personnes ne savent plus ce qu'elles mangent et elles s'en foutent d'ailleurs, il y a bien plus important à leurs yeux. Mais ce seront les premières personnes à se plaindre de notre système de sécurité sociale, car ils seront malades toute leur vie d'avoir mal bouffé et qui seront les cochons payeurs de cette société de cons ? Bien voyons, ce sera nous, et vous voudriez que je la ferme et que je ne dénonce pas tout ce qui se fait dans l'agroalimentaire du vingt et unième siècle ? Certainement pas !

La rumeur, ça peut vous démolir une vie !

Il y a plusieurs années, étant fan d'Yves Duteil, je suis allé assister à son concert au casino de Chaudfontaine. Il y a une chanson que j'adore et elle s'intitule « *La rumeur* ».

Pour que le public comprenne bien le sens de cette chanson, il a dit une phrase à l'oreille d'une personne placée au premier rang. Il lui a demandé de se retourner et de répéter la même phrase assez rapidement à la personne placée juste derrière, et ainsi de suite jusque-là dernière rangée.

Disons que par exemple la phrase de départ était : *« Le chanteur va chanter une belle chanson qui convaincra chacun d'entre nous de sa qualité »* et quand la personne de la dernière rangée a répété cette phrase à haute voix, ça devait donner ceci : *« Un chanteur va tenter une chanson pour nous avec sa qualité »*... Vous aurez compris le message et je me permets d'écrire les paroles de cette belle chanson ci-dessous avec l'accord de l'auteur.

La Rumeur
Yves Duteil

Avec l'aimable autorisation des Éditions de l'Écritoire

La rumeur ouvre ses ailes
Elle s'envole à travers nous
C'est une fausse nouvelle
Mais si belle, après tout
Elle se propage à voix basse
À la messe et à midi
Entre l'église et les glaces
Entre confesse et confit
La rumeur a des antennes
Elle se nourrit de cancans
Elle est bavarde et hautaine
Et grandit avec le temps
C'est un arbre sans racines
À la sève de venin
Avec des feuilles d'épines
Et des pommes à pépins
Ça occupe, ça converse
Ça nourrit la controverse
Ça pimente les passions
Le sel des conversations
La rumeur est un microbe
Qui se transmet par la voix
Se déguise sous la robe
De la vertu d'autrefois
La parole était d'argent
Mais la rumeur est de plomb
Elle s'écoule, elle s'étend
Elle s'étale, elle se répand

C'est du miel, c'est du fiel
On la croit tombée du ciel
Jamais nul ne saura
Qui la lance et qui la croit
C'est bien plus fort qu'un mensonge
Ça grossit comme une éponge
Plus c'est faux, plus c'est vrai
Plus c'est gros et plus ça plaît
Calomnie, plus on nie
Plus elle enfle se réjouit
Démentir, protester
C'est encore la propager
Elle peut tuer sans raison
Sans coupable et sans prison
Sans procès ni procession
Sans fusil ni munitions
C'est une arme redoutable
Implacable, impalpable
Adversaire invulnérable
C'est du vent, c'est du sable
Elle rôde autour de la table
Nous amuse ou nous accable
C'est selon qu'il s'agit
De quiconque ou d'un ami
Un jour elle a disparu
Tout d'un coup, dans les rues
Comme elle était apparue
À tous ceux qui l'avaient crue
La rumeur qui s'est tue
Ne reviendra jamais plus
Dans un cœur, la rancœur
Ne s'en ira pas non plus

Ce très beau texte montre combien une rumeur peut déranger, elle peut faire souffrir, elle peut ne jamais s'oublier et elle peut aussi tuer, ça c'est déjà vu ! Je vous cite deux exemples concrets, dont un vécu personnellement.

Dernièrement sur le divan de Marc Olivier Fogiel, sur France 3, l'invitée était la chanteuse Sheila. Je ne fais pas partie de son fan-club, mais la personne que j'avais récemment vue dans Hep Taxi à la RTBF et celle du divan était bien la même. De l'aplomb, du vécu, du réalisme et pas mal d'humour.

C'est en 1964 que la presse à sensation française prétendait que Sheila était en réalité un garçon, un travelo quoi, ça c'est tellement vite répété dans la société parisienne de l'époque que ses parents en ont été malades d'indignation tant ces commérages les ont fait souffrir, et comme ils faisaient les marchés, ils ont dû en entendre des conneries.

La chanteuse a précisé que cette rumeur lui a aussi fait du tort, mais qu'avec le temps, elle a formé une carapace pour se protéger de ce genre de bêtises. Encore de nos jours, certains font encore des commentaires à ce sujet…

Lors de mes premiers stages de cuisinier, j'ai travaillé plusieurs années au restaurant italien « *Le Brandi* » à Flémalle-Grande entre 1968 et 1971.

La grande spécialité, tant au restaurant qu'au traiteur juste à côté, c'était la lasagne appelée singulièrement le pasticcio. Le succès était tel que nous fabriquions plus de 2 000 pasticcio à la fois, cuisson des pâtes, confection des sauces tomates et béchamel, le jambon coupé en cubes, le fromage râpé, etc.

Il y avait une grande pièce réservée à cet effet à l'arrière des cuisines, qui portait le nom de salle à pasticcio. Juste à côté, il y avait un immense frigo composé de 5 portes allant du sol au plafond, derrière chaque porte, il y avait de grandes plaques de 60 cm sur 80 cm en inoxydable, environ 15 plaques posées sur des glissières.

Chacune était un montage de couches de pâte, de sauce tomate, de sauce béchamel, de champignons, de fromage, de jambon en cubes ce qui faisait 3 600 pasticcio en stock !

Rien que pendant le service du soir, le samedi ou le dimanche, on servait plus de 200 pasticcio dans un ramequin rond en terre cuite, arrosé de sauce au choix, tomate, béchamel et tomate, uniquement béchamel ou sauce pizzaiola relativement piquante.

Cela a certainement fait des jaloux, et une rumeur a commencé à circuler dans Flémalle puis dans toute la province de Liège, que le *Brandi* faisait ses pasticcios avec des boîtes de Kitekat, une pâtée pour chats très connue.

Je peux témoigner que c'était une énormité incroyable, vous nous imaginez en train d'ouvrir des boîtes de 150 g de nourriture pour chat et les mettre dans la sauce tomate ? Non seulement ce serait un travail de fou avec une immense perte de temps, mais surtout, le goût serait tel, que ce serait vraiment indigeste !

Pas plus tard qu'il y a quelques jours, en 2021, je parlais de tout et de rien avec un livreur. Comme il était originaire de Flémalle, je lui dis que j'avais travaillé durant trois années au *« Brandi ».* Sa réponse fut spontanée : *« Ah oui, les pasticcio au Kitekat... »*

Vous vous rendez compte, 50 ans après, il y a encore des gens qui pensent cela !

Incroyable, non ?

La rumeur voudrait que je sois un anti végétarien ou végane. Non, je suis un anti-malbouffe et un bon plat à base de végétaux, préparé avec soin et sans ces saloperies congelées plusieurs fois, ça me fait plaisir aussi !

Lasagne de légumes nouveaux au fromage Vieux Liège

– 3 dl de sauce tomate classique
– Sel de mer et poivre noir du moulin
– ¼ de fenouil et ¼ de courgette
– ¼ de carotte et ½ de navet
– Estragon, sauge et persil (2 c à s au total)
– 12 tranches de fromage Vieux Liège

1. La veille, faire la sauce tomate classique avec 1 oignon haché sué à l'huile d'olive, 4 dl de tomate pelée en cubes, 2 gousses d'ail, sel, poivre et herbes de Provence, laisser mijoter 40 minutes.

2. Couper les 4 légumes finement et séparément en fines tranches, les huiler légèrement et les assaisonner de sel et de poivre.

3. Hacher ensemble les trois herbes fraîches (garder 4 feuilles de chaque en garniture) et les ajouter à froid dans la sauce tomate.

4. Monter les lasagnes par couches successives dans des récipients individuels avec de la sauce tomate entre chaque légume, terminer par les tranches de fromage et une feuille de chaque herbe. Enfourner 20 minutes à 160 °C. S'accompagne d'une pâte sautée à l'huile d'olive.

Vin conseillé : rouge des Pouilles très frais.

Peut-on utiliser d'autres fromages ?

Bien sûr et ce sera selon votre goût et vos habitudes. Mais il faut choisir un fromage à pâte dure qui pourra éventuellement être râpé. Une association 4 fromages est aussi bien indiquée, tout comme de la mozzarella di bufala ou de la burrata entre mai et août.

Pourquoi faudrait-il justifier que je cuisine avec uniquement du bon, du propre et du juste ?

Que ce soit dans mes différents restaurants, en restauration collectivité d'entreprise ou lors de mes ateliers culinaires, j'ai toujours prôné la cuisine accessible à toutes et à tous, essentiellement la bonne, la seule et la vraie cuisine !

Alors, Messieurs les certificateurs, vous vous trompez de cible !

Ce ne sont pas ceux qui font du bon qu'il faut contrôler, mais ceux qui font de la merde en faisant croire qu'ils font du bon… Par principe, j'ai toujours refusé d'être certifié bio par un organisme privé, qui que ce soit.

J'ai toujours fait mon métier consciencieusement avec la certitude de bien faire. Ça fait partie de mes gènes, et Dieu sait si j'en suis fier.

Lors de mes trois dernières années de travail, entre 2017 et 2020, j'étais le responsable de production d'une coopérative à finalité sociale qui transformait les fruits et les légumes de six producteurs locaux, tous certifiés bio. Il en allait de même pour l'atelier que je gérais.

Nous étions en pleine crise de la pandémie du coronavirus avec le confinement le plus complet. Je pense n'avoir pas souvent travaillé aussi durement tant physiquement que psychiquement durant plusieurs mois, tant la demande de mon distributeur principal était énorme et incontournable vu la situation financière très difficile de notre coopérative.

Il m'arrivait régulièrement de commencer le travail à 5 h le matin et de terminer vers 18 h le soir, le temps de tout nettoyer et de livrer mon client, il était 21 h quand je rentrais exténué chez moi !

Arriva ce qui devait arriver, mon grand corps s'est rebellé et une éventration de plus de 10 cm est apparue au niveau de mon abdomen ! Consultation chez mon médecin habituel qui m'envoie chez une spécialiste en la matière. Après m'avoir examiné, elle me dit que je dois me faire opérer pour placer un filet qui retiendra les « tripes » à l'intérieur du ventre. Mais comme l'urgence est aux hospitalisations en soins intensifs dues au virus, il n'y a pas de possibilité de faire cela de suite. Nous sommes en février/mars et la chirurgienne m'explique que tant que je parviens à rentrer moi-même « mes tripes » en les repoussant régulièrement dans le ventre, aucun souci, ça peut attendre !

Mais si un jour ça se complique et que ça ne veut plus rentré, bin, il faudra courir aux urgences le plus proche et m'opérer très rapidement.

Je travaille donc avec et ça fait bien rigoler ceux qui m'aident une fois par semaine me voyant repousser mes boyaux à l'intérieur de mon ventre, on rigole de ce qu'on peut, mais une chose est certaine, le travail de production et de livraison à chaque fois été effectué dans les temps impartis !

Là où je veux en venir en vous présentant ma situation personnelle et physique, c'est au contrôle inopiné reçu un vendredi vers 16 h 45 par une contrôleuse de notre certificateur bio.

J'ai travaillé toute la nuit précédente sans rentrer chez moi, j'ai pris deux heures de repos sur la chaise de mon bureau vers 2 h la nuit et je n'ai pas eu l'occasion de manger ! Et là, depuis 14 h, je suis à la bourre, car je dois livrer une grosse palette remplie de plus de 1 000 bocaux stérilisés de toutes sortes avant 18 h à Thimister-Clermont « Aux Plenesses », plus tard, il n'y aura plus personne pour me recevoir ! J'ai tout étiqueté manuellement, posé en carton de 6 pièces ou 12 suivant le volume, scotché, puis déposé délicatement sur la palette de transport, bien la filmer avec du plastique étirable, etc.

Soudain, dans le bruit de la musique de Classic 21 qui m'aide à tenir le coup, la porte de l'atelier s'ouvre, une dame revêtue d'une tenue digne d'un futur combat, toute en blanc, charlotte vissée sur la tête comprise, s'écrie :

— Bonjour, contrôle inopiné par votre certificateur bio !!!

Le temps de comprendre et de me ressaisir, je viens vers elle pour la saluer avec en main la machine servant à fixer les cartons au scotch, pour lui demander de quoi il s'agit ?

Réponse fulgurante et pas vraiment sympathique :

— Je viens contrôler si tout ce que vous produisez est bien certifié bio, ainsi que vos méthodes de travail, vos étiquettes, etc.

Je ne sais pas pourquoi, la moutarde me monte au nez. Enfin, disons que je devine pourquoi. Avec sa venue, je ne serai jamais prêt pour être avant 18 h chez mon client. Or, lundi à 7 h, je rentre à l'hôpital à Liège pour mon opération retardée de quelques mois et qui sera suivie d'au moins quatre semaines sans rien pouvoir soulever !!!

Donc le vital, l'essentiel et l'impératif de l'instant présent, ce n'est certainement pas de venir me casser les couilles avec un contrôle inopiné un vendredi en fin de journée alors que je cours dans tous les sens pour partir livrer au plus vite.

Elle ne veut rien entendre de mes remarques qui, je le reconnais, n'étaient pas des plus tendres et certainement pas très sympathiques, elle se permet de prendre des bocaux dans ma réserve le long du mur pour me signaler que mes étiquettes ne sont pas conformes…

Alors, j'imagine qu'elle ne m'a pas compris, ni même la situation dans laquelle je me trouve, ce n'est pas vraiment le bon moment pour m'emmerder avec ces trucs à la con !

Et hop, je me propulse en face d'elle, je déchire ma veste de cuisinier violemment et je lui sors « mes tripes » pour qu'enfin elle comprenne mieux la situation, tout en lui gueulant dessus, du style :

— Vous vous rendez compte que vous arrivez un vendredi en fin de journée, que je suis à la bourre à 200 à l'heure, que j'y travaille comme con depuis des jours et vous venez m'emmerder avec vos histoires d'étiquettes sur lesquelles il manque la mention « NON EU » !

— Allez-vous faire foutre et si vous continuez à m'emmerder, je vous prends par la peau et je vous fous la gueule dehors !!!

OUFTI, que ça m'a fait du bien !

Elle est effectivement partie les jambes à son cou, tout en s'écriant que j'allais avoir de ses nouvelles très rapidement !

Je suis monté cinq minutes me relaxer à l'étage dans mon bureau, y prenant un café stretto de chez mon voisin italien et ensuite, j'ai repris calmement mon travail et à 17 h 58, j'étais chez mon client avec plus de 1000 bocaux de légumes locaux, durables et certifiés bio, que veut le peuple ?

Bien sûr durant le chemin en camionnette, j'ai revu les images de mon agression verbale vis-à-vis de la dame… Et le soir quand je suis rentré à la maison, je m'en voulais de mon attitude. Peut-être que cette dame le dirait à son époux ou son compagnon, et qu'il viendrait me casser la gueule le lendemain ! J'ai raconté mon histoire à mon épouse qui m'a conseillé de m'excuser au plus vite.

Comme c'est souvent le cas chez moi, aussitôt dit, aussitôt fait !

J'envoie un e-mail très positif et rempli d'excuses au responsable de chez le certificateur, pour mon comportement grossier et grotesque de cette après-midi, tout en signalant que je n'étais pas dans mon état normal…

Le lendemain, un Monsieur me répond qu'effectivement sa collègue est rentrée au bureau la veille dans un état très désagréable.

Mais il a conclu qu'il comprenait un peu la situation et que cette personne ou une autre reviendrait rapidement me contrôler comme prévu.

Comme quoi, il vaut toujours mieux s'expliquer que de tergiverser !!!

Voilà, vous savez maintenant pourquoi je n'en ai rien à foutre d'être contrôlé pour voir si je respecte bien les règles de l'agriculture et de la production d'origine biologique.

À l'heure où les lobbies, les multinationales et l'industrie de l'agroalimentaire nous font bouffer leurs saloperies et sont autorisés par l'Europe pour injecter 30 % d'eau dans le jambon blanc, de mettre des E suivis de trois chiffres tant et plus, des exhausteurs de goût, des sucres et des sels cachés, des colorants, et toutes sortes de produits conservant dont tout un chacun sera incapable de savoir ce qu'il mange !

Finalement, ce sont eux qui devraient payer une « cotisation » annuelle pour ne pas respecter la nourriture d'autrui et pas les producteurs bio qui doivent se faire certifié avec une cotisation annuelle exorbitante !

Je n'ai qu'un conseil à vous donner : sachez juste ce que vous achetez et chez qui vous l'achetez, ou alors fermez-la, passez votre chemin et bouffez n'importe quoi, ça va faire le bonheur des milieux médicaux !

Malgré les avances techniques incroyables que font nos excellents chirurgiens en matière de technologie d'opération, les malades sont plus nombreux que jamais dans les hôpitaux ! Leurs parkings sont pleins comme un œuf !

Ah oui, mais peut-être qui si on donnait bien à manger aux personnes qui sont affaiblies dans un hôpital, une maison de repos ou un mouroir, peut-être qu'ils guériraient plus vite, qu'ils cicatriseraient plus rapidement et tout compte fait, qu'ils occuperaient un lit 1 ou 2 jours de moins, ce serait génial pour l'INAMI et l'INASTI non ? Mais ça, nos politiciens s'en foutent, ils n'auront pas un euro en plus dans leur poche !

Recette de ma version de betteraves rouges

Fiche technique professionnelle, à adapter à la quantité de betteraves que vous avez !

– 35 kg de betteraves rouges cuites 2 h à l'eau salée
– 4 litres de vinaigre de cidre
– 0,150 kg de sel de mer
– 0,500 kg d'oignon émincé
– 0,500 kg de sucre fin de canne
– 1,5 litre d'eau de cuisson des betteraves

1. Après 2 h de cuisson et refroidissement en marmite dans le liquide de cuisson, sortir les betteraves, les peler avec les mains, ça va très vite puis les couper en rondelles de 1 cm d'épaisseur.
2. Mettre ces tranches dans des bocaux de type Weck ou Le Parfait d'au moins 1 litre en alternant avec quelques fines tranches d'oignon.
3. Dans une casserole, mettre le vinaigre, le sucre de canne et du jus de cuisson suivant les proportions indiquées. Faire bouillir 30 secondes, laisser tiédir et remplir les bocaux à ras, puis refermer avec le joint d'étanchéité prévu avec le bocal.
4. Mettre au frigo pour une bonne conservation, si vous souhaitez ne pas les mettre au frais, il faudra alors les stériliser suivant les consignes adéquates.

À consommer sans modération après une semaine de frigo... Personnellement, je ne les stérilise jamais afin de garder la fraîcheur des betteraves et le côté cru des oignons. L'idéal avec des charcuteries diverses ou du pâté de gibier en hiver !

Le Monde est stone !

Starmania, un opéra rock de Michel Berger sur un livret de Luc Plamandon.

C'est peut-être le résumé de certains de mes billets...

J'ai la tête qui éclate
J'voudrais seulement dormir
M'étendre sur l'asphalte
Et me laisser mourir
Stone
Le monde est stone
Je cherche le soleil
Au milieu de la nuit
J'sais pas si c'est la Terre
Qui tourne à l'envers
Ou bien si c'est moi
Qui m'fait du cinéma
Qui m'fait mon cinéma
Je cherche le soleil
Au milieu de ma nuit
Stone
Le monde est stone
J'ai plus envie d'me battre
J'ai plus envie d'courir
Comme tous ces automates
Qui bâtissent des empires
Que le vent peut détruire
Comme des châteaux de cartes
Stone
Le monde est stone
Laissez-moi me débattre

Venez pas m'secourir
Venez plutôt m'abattre
Pour m'empêcher d'souffrir
J'ai la tête qui éclate
Je voudrais seulement dormir
M'étendre sur l'asphalte
Et me laisser mourir
Laissez-moi me débattre
Venez pas m'secourir
Venez plutôt m'abattre
Pour m'empêcher de souffrir
J'ai la tête qui éclate
Je voudrais seulement dormir
M'étendre sur l'asphalte
Et me laisser mourir

Rien n'a changé depuis la sortie de ce merveilleux spectacle, l'homme est toujours aussi gourmand de choses gigantesques qui frôlent l'imbécillité.

J'ai lu hier dans la revue hebdomadaire préférée de mon épouse, un article très intéressant de Christine Ockrent en présentation de son nouveau livre « La Guerre des Récits », éditions de l'Observatoire à Paris.

Elle n'a pas son pareil pour rendre limpides les enjeux géopolitiques. Son décryptage de la pandémie est en plus extrêmement bien documenté et il laisse pantois sur les ramifications tentaculaires de la Chine, qui a profité de la crise pour étendre ses connexions économiques en échange de matériel sanitaire.

Avec les restrictions de libertés imposées par le virus, on serait tenté de penser que même l'Europe s'achemine vers des régimes autoritaires au nom du bien commun. Est-ce la suite de ce récit mondial ? « On ne peut pas à la fois demander d'être plus protégé et rouspéter une fois que des mesures sont prises. Chacun doit assumer sa part. Cette crise est une conséquence du réchauffement climatique, de la mondialisation, de toute cette accélération du rythme du Monde qui par ailleurs nous a aussi apporté beaucoup de bienfaits, il faut faire face à la situation telle qu'elle est et non rejeter la responsabilité sur autrui », répond-elle.

Conclusion

Je n'ai pas tellement envie d'une conclusion à mes écrits, car le travail commence à peine et il doit se poursuivre coûte que coûte au risque de voir tout disparaître rapidement.

La terre commence à se révolter bien à sa manière et si c'est le cas un jour, je n'ai aucune envie d'en être responsable !

J'ai vu dernièrement un fantastique documentaire sur mon personnage historique préféré : Winston Churchill.

J'ai choisi deux phrases qui lui appartiennent à perpétuité :

« Il y a quelques années, je vous ai dit que c'était le commencement d'une guerre impitoyable, puis ce fut la fin du commencement, et aujourd'hui en 1945, c'est le commencement de la fin. »

« J'ai retourné ma veste à plusieurs reprises, mais il faut une certaine adresse pour la remettre dans le bon sens. »

Quelques billets d'humeur…

Durant plusieurs années, j'ai écrit plusieurs billets d'humeur dans différents magazines.

Les relisant, je me rends compte que rien n'a changé et qu'ils sont toujours bien d'actualité. Les voici dans le désordre, mais toujours en fonction d'une des 4 saisons…

Faut prendre de bonnes résolutions pour débuter l'année…

C'est le moment en ce début d'année de prendre des décisions, il faut trouver l'opportunité de se dire, ça y est, action, réaction ! Amoureux de mon métier, élevé par une grand-mère et une maman cuisinière de tradition, c'est un peu comme Gérard Depardieu, je suis tombé dans la marmite quand j'étais petit. Quand mon médecin, mon kiné et mon ostéopathe me disent, va falloir faire un petit régime, j'ai envie de me révolter. Et puis quoi encore, me nourrir de poudres dans un régime protéiné, aller à des réunions de groupe toutes les semaines pour passer sur la balance, suivre les conseils du Dr Chose qui va me prescrire des pilules amaigrissantes, me faire placer un anneau ou pire, acheter par correspondance le produit miracle à 199,99 € pour maigrir en 15 jours ? Non, ma décision est prise, je vais me prendre en main avec mes atouts majeurs, bien cuisiner, bien manger, dissocier certains aliments, bien répartir mes repas et ne rien grignoter entre ceux-ci, faire un peu de marche et surtout profiter de la vie et de ses plaisirs. Je vous donne rendez-vous dans un an, c'est le temps qu'il faudra !

En mai, fais ce qu'il te plaît et mange des fraises de chez nous…

Il y a plus de 20 ans qu'on voit TOUTE l'année des fraises et des fruits rouges sur les étals des légumiers et dans tous les magasins. Comment s'y retrouvent en matière de saison si on présente de tout en permanence ? Si en plus les restaurateurs, aussi étoilés soient-ils, s'y mettent aussi, cela devient un non-sens total quant au rôle du cuisinier qui en principe se doit de bien connaître les fruits et légumes de saison. Prenons l'exemple de cette année où l'hiver s'est prolongé, il est impossible de produire des fraises de qualité qui auront reçu du soleil, de la chaleur naturelle, et de déjà les retrouver sur le marché aujourd'hui. Eh bien si, il y a des fraises belges en vente partout depuis plus d'un mois, je pourrai vous expliquer comment on les cultive, car je suis allé voir, mais ça vous couperait l'envie d'en manger. Point barre.

On part en vacances dans le Midi de la France…

C'est peut-être l'occasion de découvrir de petites adresses agréables plutôt que de manger n'importe quoi dans les restaurants situés dans les stations en bord d'autoroute. Cette mauvaise expérience, je l'ai vécue trop de fois et depuis quelque temps je choisis entre deux solutions. La première, je réserve dans un endroit typique pas loin d'une sortie d'autoroute et cela m'a permis de découvrir des petites auberges et des bistrots sympas avec un repas de grande qualité à un prix très abordable. La deuxième, mon épouse prépare un ou deux casse-croûte à tomber par terre avec de la baguette, mozzarella, roquette, huile d'olive et tomates, des œufs brouillés avec des lardons salés et quelques boissons fraîches dans un box avec des glaçons. Je sais, ça fait un peu hollandais, mais y en a marre du prêt-à-porter culinaire industriel.

La cuisine aux cuisiniers…

N'en déplaise aux fabricants de l'industrie agroalimentaire, les cuisines de nos restaurants tant traditionnels que de collectivité sont envahies par le « prêt-à-porter culinaire ». Sous prétexte de facilités ou du coût trop élevé des charges professionnelles et de personnel, nous les **con**(sommateurs), devons supporter et ingurgiter le sirop balsamique au caramel sur toutes les assiettes. Le gratin, qui n'a de dauphinois que le nom indiqué sur le sac sous atmosphère, acheté en grande surface spécialisée pour l'HORECA, les frites de chez Mac Chose prétendue coupée main, qu'on se demande même s'il y a de la patate là-dedans, les desserts et autres décorations venues directement d'un grossiste en produits surgelés qui pourra aussi livrer des petits pains et des baguettes défiants toute concurrence avec le boulanger artisanal du coin… Non, ce message ne se veut pas négatif, car je connais quelques restaurateurs qui sont encore de vrais cuisiniers, qui bossent, qui font une mise en place d'enfer et qui après chaque service peuvent se regarder dans un miroir et dire à la Patronne : « Chérie, tu as vu les gens de la table 11 comme ils étaient heureux et légers en partant… »

Et si on faisait des bacs d'herbes fraîches…

Je lis un livre sur les herbes et les épices du jardin, appelé aussi le savoir-faire de nos grands-pères… Impossible d'échapper à l'envie de faire pousser des herbes aromatiques, quelle qu'en soit la manière. De la grosse vasque, à la spirale, en passant par les jardinières à mettre au balcon ou sur l'appui de fenêtre, il n'y a plus de prétexte possible. En cuisine toutes ces herbes et épices apportent du « peps » et de la fraîcheur aux préparations, et plus elles sont cueillies et coupées fraîches, mieux ce sera pour votre plaisir gustatif et surtout pour votre santé. Ma décision est prise, j'opte pour toutes les versions, à commencer par la spirale de pierres en associant livèche, absinthe, ciboulette, pimprenelle, origan, persil, cerfeuil, thym, souci, bourrache, ail, menthe, oseille, cresson, fenouil, romarin, aneth, estragon, et tant d'autres. A vos bacs : « Herbes et épices du jardin » de Paul Seitz, Éditions Succès du Livre.

La chasse du petit gibier existe-t-elle encore ?

Lorsque j'étais restaurateur, on recevait les premiers canards sauvages ou colverts juste après le 15 août. J'ai visité plusieurs marchés, tant publics que professionnels, et je n'ai pas trouvé de ce gibier. En principe, après le 25 septembre, ce sera la chasse au perdreau, mais de nouveau, on va devoir se farcir du gibier venant des pays de l'Est ou d'Écosse, ou d'encore plus loin… Tout fout le camp comme dit la chanson, ce qui est certain c'est que d'ici quelques jours, sur les cartes des restaurants il y aura du colvert, de la bécasse, du perdreau, de la grouse, mais personne à part peut-être le grossiste ne pourra certifier l'origine de ces gibiers.

Ah qu'il est loin le temps où quand je reprenais le chemin de l'école, je croisais mon voisin Jean fusil à l'épaule et gibecière pleine à craque de petit gibier à poil.

Le potager est magnifique malgré le temps d'automne…

J'ai semé mes premières graines le 1er mai, il n'y a pas grand-chose qui soit sorti de terre, à part une ligne de radis et des verdures de pomme de terre, ça pourrait être désolant. Les salades et les choux avancent tout de même et depuis peu, les betteraves rouges et les carottes sont en vue. Un ami m'a conseillé de répandre sur le sol entre les lignes une sorte de compost à base de copeaux de bois de nos Ardennes. Il en a l'utilité, car il a planté plus de 1000 pieds de vigne dans ma commune et son sol est magnifique avec toute la biodiversité nécessaire. J'ai suivi son conseil et oh ! miracle, ça marche, mon sol est équilibré en humidité (pas difficile !) et mes légumes ont pris une belle ampleur sur quelques jours, car une certaine chaleur et de nombreuses petites bêtes font un travail fantastique sous les copeaux.

Sacré Saint-Nicolas, te voilà de la revue…

Nous voici à la fête de Saint-Nicolas, cela concerne les enfants, les adolescents et beaucoup d'étudiants universitaires… Et pourtant, j'ai comme l'impression que certaines traditions se perdent chez les commerçants, en effet, depuis la mi-novembre, toutes les décorations de Noël sont bien visibles dans toutes les boutiques, les grandes surfaces nous envoient déjà tous les catalogues non pas de jouets, mais de produits traiteur pour les deux fêtes de fin d'année, là on peut dire qu'il y a le choix… Le Champagne à 13,00 € la bouteille, 20 pièces d'amuse-bouches à 1,99 €, 12 huîtres à moins de 5 €, du foie gras à 25 € le kilo (attention, c'est du bloc à 30 % !), 4 steaks de cerf cuisinés pour 8 € et la bûche glacée pour 10 personnes à 1,99 €. Question : qui peut de nos jours produire tous ces produits à un tel prix compte tenu du prix des matières premières, de la main-d'œuvre, de l'emballage, du transport et du stockage ? Deux solutions : des sociétés sans scrupules qui ont délocalisé en pays lointains et qui exploitent l'ouvrier ou peut-être le grand Saint-Nicolas en personne ! J'ai mon idée.

Vacances : la météo des pla(ts)ges…

Je m'inquiétais pour ces destinées de vacances avec soleil garanti qui vont mal, est-ce possible avec tous les touristes qui s'y rendent l'été ?

Sur 6 jours en Grèce, je m'attendais à des produits locaux comme tomate, concombre et feta, que nenni, des légumes made in Holland !

À l'heure de la culture industrielle soutenue par le PAC agricole avec nos tunes, posons-nous la bonne question.

En Italie, pour Carlo Petrini de Slow Food, les poivrons nordiques envahissent les tables des restaurants tandis qu'on y cultive des fleurs qui partiront en camion vers l'autre pays du fromage.

Chez nous, le lait qu'on déshydrate se retrouve chez l'éleveur de Hesbaye dans sa machine informatisée munie de faux pis de vache pour alimenter le veau !

Ah bon, je pensais que le veau buvait le lait de maman vache ? Et naïf en plus !

Allez, bonne reprise, et pensons aux produits locaux, bien mûrs et bio si possible.

J'adore une vraie bouillabaisse…

Il y a peu, j'écrivais un billet sur les festivals d'été, en signalant qu'il y avait toujours des pommes frites accompagnées de sauces et de viande valables. Malgré cela, en arrivant trop tôt pour le concert de Pascal Obispo, je m'attable à la terrasse d'un hôtel pour y siroter un excellent vin rosé bien frais. Certainement par fainéantise et comme je suis bien assis, je commande une bouillabaisse spéciale festival, d'habitude quand il y a un problème de qualité, je la ferme… Là je n'ai pas su tant le bouillon de poisson était fade et sans le goût de soupe qui a réduit longuement avec les épices appropriées, le tout en compagnie d'une rouille et de baguette industrielle. Je remercie sincèrement la dame qui m'a servi un pain saucisse avec de la sauce cocktail et des crudités à la sortie du concert. Oufti qu'ça m'a bien goûté…

Le restaurateur adore la Saint-Valentin…

Sauf lorsque des plaisantins réservent une table en oubliant de la décommander en dernière minute. Il y a deux façons de fêter la Saint-Valentin : au resto ou se préparer un bon repas à la maison avec bougies, petits cœurs et tutti quanti. Pour la première, le restaurateur composera un menu de circonstance qui facilitera la vie de chacun. Il n'y aura que des tables de 2 dans la salle, même celles de 4 seront dressées pour 2 personnes. C'est pour cela qu'il est sympa de venir si on a réservé, car la moyenne habituelle est fortement réduite avec les mêmes charges si pas plus. L'autre version est celle que je propose via les recettes prévues pour 2 personnes, celles-ci pourront être préparées entièrement la veille, n'ayant plus que la finition à terminer à la minute. Bonne Saint-Valentin quel que soit votre choix.

Il paraît que l'Europe veut limiter nos graines et nos semences ?

Bientôt le printemps, retour au potager, voir ce que l'hiver a amené de bon, du repos certainement et aussi plein de petites bêtes qui auront nourri ce sol précieux. Après avoir travaillé le terrain en surface, ce sera le moment d'acheter toutes les semences qui seront soit mises en petits pots individuels ou directement dans le sol suivant la variété. Tiens, j'ai appris dernièrement que l'Europe souhaitait réglementer la production de semences et de graines suivant un cahier des charges dans lequel seraient répertoriées uniquement des semences spécifiques et « classiques », ne laissant aucune chance aux nombreuses variétés que nous offre la Terre Mère. Merci à l'association Kokopelli de défendre TOUTES les variétés de semence qui nous permettent de produire de beaux et merveilleux légumes. Manquerait plus que ça !

Il est où le gibier bien de chez nous ?

Grâce aux transports rapides et aux techniques de conservation très prolongée, il y a du gibier frais dit sauvage, mais nourri par l'homme en Nouvelle-Zélande, en Australie, en Argentine et dans beaucoup d'autres pays. Heureusement, il y a encore des battues de chasse dans nos Ardennes et autres régions à gibier, il n'empêche que le petit gibier est souvent « relâché » de manière peu galante ? L'AFSCA joue son rôle en matière de sécurité alimentaire et tous les gros gibiers sont maintenant envoyés obligatoirement dans des salles de découpe aux normes européennes. Vous pouvez acheter du gibier belge, il y en a.

Novembre 1986, il fait très beau, j'attends mes clients à la terrasse et les premiers clients arrivent vers midi, nous admirons la battue qui se fait dans le bois juste en face et une personne me dit que c'est vraiment génial un festival gastronomique de gibier avec les chasseurs en life… Un autre client plus subtil :

— Tiens, Monsieur, pourquoi y a-t-il des gens qui sortent des faisans d'une cage et qui hurlent pour qu'ils s'envolent ???

C'est la fête des mamans ce dimanche de mai…

Une fois n'est pas coutume et je me suis mis à rêver que pour la fête des mamans ce dimanche, les enfants passeront derrière les fourneaux pour soulager la maîtresse de maison qui à chaque coup est de corvée. Encore fallait-il proposer un menu qui soit de circonstance et surtout qui soit réalisable par les plus jeunes de la famille. À part quelques finitions, tout le menu proposé ci-dessous pourra être réalisé la veille avec beaucoup d'entrain et de gaieté.

Ce choix vise aussi la facilité du service et du réchauffage des préparations afin que maman, papa et les enfants soient bien ensemble à table et non dans la cuisine à se mettre la pression comme dans Top chose… Allez, à vos marmites et surtout une merveilleuse fête à toutes les mamans.

Et vive les festivals…

Il y a un « Beach Volley » très connu dans ma région, durant 4 jours tous les jeunes y débarquent à peine les examens finis et peu importe les résultats scolaires. C'est l'endroit où il faut être impérativement pour l'ambiance, pour la malbouffe et pour la beuverie collective. Moi, j'appellerai plutôt cela un « Bière Volley »… Et la nourriture vendue sur place ? Je suis persuadé que le gars qui vend des hamburgers dans sa baraque en tôles ondulées n'hésitera pas à servir les saucisses dégelées et cuites la veille comme si elles étaient de première fraîcheur. Il en va de même dans les festivals de musique, on y va d'abord pour le concert ou la vedette du jour, mais cela n'empêche, tant qu'à manger un truc, autant qu'il soit bon et propre. Croyez mon expérience, il y en a qui sont super nickel, il suffit de chercher un peu. Une bonne frite avec une tartare et un vrai cervelas fumé… Un régal !

Les enfants et les ados au fourneau…

Une fois n'est pas coutume, cette semaine, place aux enfants. Arrêtons de dire qu'ils sont difficiles, qu'ils ne mangent rien, qu'ils sont obèses et surtout qu'ils n'apprécient que le hamburger/frites de chez M chose ou de chez Q truc, la pitta ou le kebab sauce andalouse bien « plaquante », la fricadelle passée dans la graisse à la friterie du coin et j'en passe !

Comme disait un comédien-cuisinier connu, c'est de la mèèèèèèèrde ! Eh bien non, cher Jean-Pierre, je n'empêcherai JAMAIS nos enfants de manger ce dont ils ont envie. Par contre, je débarrasserai le comptoir du friturier de toutes les saloperies surgelées en forme de pilon de poulet ou de saucisse avec de la viande aseptisée bourrée d'épices et mixée au gras de porc, de la viande qui tourne des heures sur une broche et qu'on réchauffera de jour en jour pour ne rien en perdre, du « steak » haché dégelé, cuit, recongelé puis recuit, de la sauce industrielle à l'huile de vidange et j'en passe… Allez, les petits amis, on va boulotter… Voici quelques recettes adaptées rien que pour vous !

Ce sont les vacances de printemps pour nos bambins…

Il n'y a pas beaucoup de stages prévus pour initier nos enfants à la cuisine saine. J'organise un atelier culinaire pour jeunes de 7 à 15 ans et il est difficile de réunir 6 participants. Les causes sont multiples, il y a de plus en plus d'activités sportives et culturelles, il est plus agréable d'aller au cinéma plutôt que d'apprendre à cuisiner. Mais je persiste et j'ai un projet de stage pour les prochaines vacances d'été, glaces, sorbets, salades et certaines cuissons n'auront plus de secrets pour eux. Je rappelle aux restaurateurs que les enfants sont les clients de demain et qu'il faut leur faire découvrir les saveurs liées à chaque saison. Faut arrêter le menu enfant avec des boulets sauce lapin, un spaghetti bolognaise ou une bouchée à la Reine frites… Il faut susciter l'envie d'autre chose, de moins banal et de plus percutant. Chacun dans son quartier peut s'improviser formateur de conscience gustative et culinaire pour le bien de nos enfants.

Les prix explosent…

Grâce à une belle météo, c'est une merveilleuse saison en matière de jardinage et de fruits et légumes, tant ma serre que mon potager sont d'une rentabilité unique en courgettes, concombres, tomates, salades, pommes de terre, haricots verts, etc. Or j'observe que les fruits et légumes ont pris 25 %

d'augmentation sur les derniers mois. Je m'en suis rendu compte en faisant des achats « en dépannage » pour mon atelier culinaire. J'ai une note de 85,00 € pour quelques fruits et légumes pourtant de saison, même s'ils étaient bio, j'en suis resté époustouflé ! Ma question est simple : de qui se moque-t-on ? Pourquoi faut-il qu'il n'y ait que les gens riches et bien plus encore, qui aient accès à une nourriture de qualité ? Je dis STOP et NON à la puissance anormale des entreprises de l'alimentaire qui profitent du fait que les gens doivent se nourrir quoi qu'il arrive ! Il en va de notre survie.

C'est bientôt l'été avec ses petits repas frais sous la tonnelle !

On est bien d'accord, à l'heure où j'écris ce billet, il vente, il pleut et on a tous le moral dans les talons de nos bottes en caoutchouc et on se planque sous de grosses vestes d'hiver. Alors juste pour positiver et vous remonter le moral, quel que soit le temps en ce milieu de juin, je vous ai concocté 3 petites recettes faciles, pleines de goût et de saveurs croquantes. Avec ou sans terrasse, et accompagné de petits vins frais de saison, vous allez voir que quoi qu'il arrive, le soleil sera dans votre assiette ou dans votre verre. Avant ou après un barbecue, ces plats auront également leur place tant ils sont légers et ravigotants. Allez, que l'été soit avec vous !

Si t'es pas dans le Guide, t'es bon quand même…

Il y a quelques semaines, sortaient les traditionnels Guides de classification des restaurants. Difficile parfois de comprendre pourquoi un Guide glorifiera un restaurant et un autre l'ignorera, peut-être ont-ils dégusté incognito dans ce restaurant et que le chef n'était pas en forme le jour du passage du second « inspecteur ». Peut-être que le cuisinier aura été plus généreux avec l'un qu'avec l'autre ? Peut-être aussi que beaucoup de clients ont écrit au Guide pour donner leur avis positif ou négatif et que celui-ci en tient vraiment compte. Ayant vécu cette expérience en tant de patron cuisinier il y a quelques années, j'ai aussi reçu des éloges ou des remarques qui peuvent faire mal, alors je me réfère à ce journaliste chroniqueur qui me disait que lorsqu'une table n'était pas à son goût il n'en parlait pas, car tous les goûts sont dans la nature. Et moi je me demande, à quand un Guide sur les médecins, les plombiers, les garagistes, les architectes, les informaticiens, les avocats, les bouchers… Rien que pour entendre ce qu'ils en penseraient !

À table les cartables et le prof au milieu !

Mon expérience « atelier du Goût et des Saveurs » dans les écoles maternelles et primaires me revient en souvenir à l'occasion de la rentrée scolaire.

Les grandes surfaces ne s'y trompent pas, tous leurs arguments sont bons pour vendre tout et n'importe quoi à mettre dans la « mallette » de nos bambins.

Certains enseignants très attentifs imposent des collations de qualité ou simplement naturelles comme un fruit frais, un gâteau sec, une bonne tartine aux œufs brouillés (ah quel souvenir celle que me faisait ma Maman avec des lardons…), d'autres pensent que ce n'est pas leur problème et boivent des sodas light ou des soupes lyophilisées dans la salle des profs…

En plus des parents, le pouvoir public a un rôle essentiel dans l'éducation alimentaire de nos enfants, entre 4 et 8 ans, ceux-ci enregistrent instinctivement et à perpette tout ce qu'on leur dit ou on leur montre, alors profitez-en chers enseignants et jeter hors de votre classe ce mini tableau sponsorisé par une industrie du lait chocolaté ou par une marque de jus de fruits coloré à la fraise, mais sans fraise. Que l'audace soit avec vous !

Soyons chauvins pour nos fromages belges…

Les 17 et 18 août se tiendra la 34e Fête du Fromage au Château de Harzé. Je fais partie du jury composé de restaurateurs, de chroniqueur et de personnalités du monde de la gastronomie. Nous allons déguster une flopée de toutes sortes de fromages, il devrait y en avoir une trentaine, heureusement que de l'eau est à table pour se neutraliser la bouche. Par catégorie, chacun devra élire ses coups de cœur, tout cela sans connaître le nom du fromage et encore moins le producteur, ils sont juste numérotés. Je constate qu'il y a de plus en plus de fromages au lait cru et bio, cela me réconforte pour la qualité de la dégustation, mais je suis surtout heureux du talent de nos producteurs. Que la fête commence !

Vive la frisée aux lardons sans sirop balsamique…

Cela fait plusieurs fois que je déguste une frisée aux lardons dans des brasseries, des bistrots et même dans un restaurant de très bon niveau. Lard fumé sans fumée, du vinaigre d'alcool (celui que j'utilise pour faire briller les inox…), crème fraîche qui n'a rien à y faire, œuf non poché et trop cuit, salade autre que de la frisée, comme lolo rouge, feuille de chêne, laitue ou doucette et le sommet, du SIROP BALSAMIQUE au travers de tout le saladier, sans parler des lanières de poivron et des croûtons achetés tout faits ! Bon Dieu de bon sang, c'est quand même pas compliqué de faire une frisée aux lardons comme je l'ai toujours vue tant chez ma grand-mère que chez ma Maman. Du vrai lard salé un peu gras, des échalotes, du bon vinaigre de vin blanc ou de cidre, un peu de thym frais et surtout de la **FRISÉE.** Merci.

Après la vache folle et le poulet fou, voici le « haché » de bœuf/cheval…

Je n'ai pas attendu les problèmes de vache folle et de dioxine pour comprendre qu'il est important et vital de refaire soi-même un potager, de faire ses lasagnes avec de bons ingrédients, de faire son potage avec des légumes non maltraités par l'homme, je pourrai continuer la liste indéfiniment. Par contre, je me marre quand j'entends la presse dire que les fameuses boulettes du marchand de meubles suédois contiennent aussi de la viande de cheval, ça paraît aussi important que l'annonce de la retraite du Pape. Voilà plus que jamais la raison d'être de nos deux pages de recettes hebdomadaires, vous donner l'envie de préparer vous-même vos repas et ne plus faire confiance à l'agroalimentaire industriel qui veut la mort de l'artisanat sous prétexte qu'ils vont réussir à nourrir la Planète à bon marché, mais à quel prix ? En fait, ils s'en mettent plein les poches à votre détriment. Bon appétit !

Et si on mangeait des insectes et des vers ?

Fin avril, un monsieur aux cheveux très longs bouclés et à la moustache style Dartagnan entre dans mon établissement et me dit avec un très bel accent espagnol (pardon, du Pays basque, il paraît que c'est pas pareil !) : « J'ai découvert une pâte à tartiner au Salon Valériane de Bruxelles. Je voulais absolument que vous la goûtiez ».

J'ouvre le pot, je sens une odeur bien équilibrée de chocolat m'envahir les narines, j'y plonge une cuillère et, méfiant, je sens de nouveau, pas de doute, on peut y aller. Une vraie crème moelleuse et fondante me parfume le palais et je trouve cela très bon. Comme je sais que ce monsieur est plutôt végétarien, j'imagine que cette pâte est végétale, que nenni, elle est composée de courgette, d'huile végétale, d'un élément que j'ai oublié et de ténébrions ou vers à farine, allez voir sur Wikipédia, ça vaut la peine. Bon appétit.

Y a-t-il une téléréalité culinaire… ?

Je confirme, il y a une téléréalité culinaire avec tout ce que cela comprend, du voyeurisme, de la réalité, du bluff, de l'art, de la triche, de l'idée, de la fausse sueur, du vrai stress (quoique !), de la moléculaire, de la classique, de la connerie, de beaux produits et tutti quanti. Au début, j'étais réticent, mais on m'en parlait trop souvent à mon goût, j'ai fait comme vous, j'ai regardé. Résultat : en effet, tout est prévu pour captiver l'attention du téléspectateur, pour faire de l'audimat, pour faire plaisir aux sponsors, pour mettre notre beau métier en valeur, pour donner envie aux jeunes de faire le pas, etc. C'est 50/50 entre la réalité et la télé, moi, j'irai filmer dans un vrai restaurant au moment du coup de feu pour voir ce qu'est le travail réel d'une équipe de cuisine quelle que soit sa structure, je montrerai l'état physique d'un cuisinier que s'est envoyé plusieurs services dans une cave/cuisine sombre de 4 m2 dans le 6e à Paris, et surtout, j'interdirai d'antenne les cuisiniers aussi étoilés soient-il qui proposent des fraises en décembre, des tomates toute l'année et du veau qui n'a jamais connu sa mère.

Ils ne sont pas des pigeons…

Jacques Puisais est la référence sur l'étude du goût et des saveurs. Pour lui, tout ce que l'enfant découvre comme saveurs entre 4 et 8 ans restera imprimé dans son cerveau sa vie entière. C'est ce que j'appelle la mémoire gustative et olfactive. J'ai parcouru les écoles maternelles et primaires de ma région en proposant des ateliers du goût et des saveurs. Les dégâts causés par la malbouffe, la pub mensongère et le prêt-à-porter culinaire industriel n'ont pas eu raison de mes convictions agrémentées d'un zeste d'humour et de 100 kg de passion. Depuis peu, je suis consulté par des crèches qui veulent évoluer vers le durable et le bio dans leurs cuisines. La panade de fruits locaux au lait d'amande, la purée de pois chiches au jus de betterave rouge et le mixé de saumon bio au fenouil et au cumin, ils en raffolent. Ils ne sont vraiment pas des pigeons, à nous de les guider dans le bon sens.

Bientôt la fête nationale belge…

C'est peut-être l'occasion de rappeler que notre patrimoine est très riche en recettes culinaires régionales. Il n'y a pas que nos équipes de foot, de tennis, de hockey ou de rugby qui rassemblent les Belges qui sont encore très fiers de leurs couleurs et qui n'ont cure du bleu, blanc, rouge qu'il soit français ou néerlandais. Et si on créait des plats multiculturels rassembleurs ? La salade liégeoise aux ribb's caramélisés à la blanche de Brugge, la salade d'anguilles de Damme aux noisettes grillées de Hesbaye, le duo d'asperges blanches de Kampenhout et les vertes de Rosoux à l'émulsion de basilic, le filet de sole de Zeebrugge gratiné à la bière blanche du Hainaut, les fraises de Wépion posées sur un sabayon léger à l'Élixir d'Anvers, le chèvre frais de Montzen affiné au genièvre de Hasselt et rôti à la chapelure de spéculoos. Bon appétit national.

L'automne est bien là, quelle belle saison…

C'est l'automne, ma saison préférée avec le printemps qui passe d'un type de climat à un autre avec la beauté des arbres pourpres, du potager qui donne son dernier souffle et du sous-sol qui se prépare au grand froid, si on y a droit ! En effet, chaque pays, chaque région, a un climat et un terroir propice à des fruits et des légumes qui ont poussé naturellement sans l'aide de l'homme. La semaine prochaine nous mangerons les dernières tomates fraîches, les courgettes, potirons et autres légumes se conserveront encore au frais, mais les plants fanés seront arrachés dans les cultures maraîchères. J'ai coupé mes derniers haricots verts fin septembre et n'envisage pas d'en consommer à l'état frais avant l'été prochain surtout s'ils viennent du Kenya, cultivés et récoltés par des ouvriers mal rémunérés et qui couvent des maladies graves dues aux pesticides. Je sais, le marketing veut qu'on vous vende de tout et toute l'année, mais le choix final, c'est vous qui le faites et pour vous y aider, voici mon calendrier des saisons. Soyez vigilants, achetez responsable et découvrez des saveurs oubliées… mais qui font tant de bien là où elles passent !

Je n'ai pas encore senti l'odeur de barbecue chez mes voisins…

D'habitude, dès les premiers rayons de soleil en mars, on sent rapidement les odeurs de barbecue chez les voisins. C'est le départ d'une saison et aussi d'une manière hospitalière de recevoir sa famille et ses amis, mais est-ce bien raisonnable ? Oui, si on grille viandes et poissons au-dessus des braises bien rouges, qu'on ne badigeonne pas la viande avec trop d'huile et autres marinades immondes utilisées pour « arranger » les viandes…

Le barbecue vertical est la meilleure solution, par contre, une véritable plancha électrique ou au gaz, donnera toute l'atmosphère et l'ambiance recherchée en évitant les inconvénients des odeurs sur les vêtements, des fumées qui infestent les grillades et du danger du gars qui a bu un coup de trop à l'apéro, qui se croit plus malin que tout le monde après 6 verres de rosé et qui arrose la braise avec un peu d'essence pour exciter le bazar…

De nos jours, c'est un jeu d'enfant d'être cuisinier !

De plus en plus de vocations fleurissent un peu partout. L'architecte, le clerc de notaire, le professeur de maths ou l'ingénieur ont soudain l'envie de passer à autre chose et se reconvertissent en restaurateur, vigneron bio ou maraîcher écologique. Tout cela est magnifique, car au départ, il y a certainement des gènes qui reviennent à la surface. Et les compétences, me direz-vous ? Peu importe, de nos jours, TOUTES les grandes surfaces spécialisées en restauration proposent des produits prêts à l'emploi. Sur mes 4 derniers restos, j'ai eu droit au sirop balsamique 100 % caramel, à des frites immondes, à une overdose de sucres, à des pâtes servies trop cuites et garnies d'une grappe de groseille rouge, à du filet américain type dentifrice au menthol et j'en passe. Pire encore, j'ai entendu à la radio une journaliste gastronomique dire qu'on pouvait faire de la glace à la vanille avec une crème anglaise achetée en Tétra Brik. À chacun son métier…

Même l'industrie du pain va mal…

Il y a quelques mois, j'écrivais ce que je pensais du boulanger artisanal comparativement aux boulangeries industrielles. J'apprends que l'usine de Nivelles d'une grande marque de pain de France va licencier 70 personnes. En fait, on n'entend plus que cela aux infos depuis quelque temps et je me demande quand cela va se terminer. Il y a peut-être une solution, refaire du vrai pain avec de bonnes farines, sans améliorants et sans proposer toute une série de produits dérivés qui font qu'on a vraiment trop l'embarras du choix.

Au risque de passer pour un nostalgique des produits sains d'antan, si on ne robotisait plus d'office tout ce qui touche à l'alimentation, peut-être retrouvions-nous des emplois en capital humain avec tout le plaisir qu'y retrouverait l'homme en remettant la main à la pâte.

Dis Papa, ça te donne vraiment des ailes ?

J'observe aux feux de signalisation et aux coins de rue, que beaucoup de personnes, en général de la génération Y et un peu plus, se baladent avec une cannette à la main de couleur bleue et gris métallisé. Je m'informe auprès de mes enfants qui ont entre 18 et 33 ans et la réponse fuse, m'enfin papa, même en boîte, on boit ça avec de la vodka, du pèkèt, du whisky, du rhum, etc. Et moi qui croyais naïvement qu'il n'y avait que le soda d'Atlanta qui vous bouffait le foie comme un décale-tout, j'en suis pour mes frais. C'est vrai qu'à y regarder de plus près, l'un et l'autre sont sponsors principaux, voire gigantesques de la Formule 1, des Jeux olympiques, du camion du père Noël, de la Coupe du Monde de foot, des sauts à l'élastique, en résumé de tout ce qui est sensationnel et qui demande une grande énergie personnelle et surtout d'avoir des ailes supplémentaires. Moi j'en suis toujours à prendre certains compléments alimentaires naturels en fonction des saisons pour me prémunir du froid ou pour avoir une bonne immunité, mais une petite pilule bleue pour avoir des ailes, ça jamais…

Ah si j'avais été agriculteur…

Petit-fils, neveu et cousin d'agriculteurs, toute ma jeunesse fut bercée par les grands espaces, les cris des cochons, le bruit des tracteurs et autres moissonneuses. De là est aussi née ma vocation pour cuisiner les produits de la terre… Mais de quelle terre ? I have a dream ! Me voici donc fermier, mon voisin a 2 tracteurs de 300 chevaux et fait uniquement de la culture intensive sur 400 hectares en champs rectilignes et il me dit en permanence qu'il ne s'en sort pas.

De mon côté, je n'ai que 40 hectares, 25 en céréales diverses bio et 15 en maraîchage bio, j'élève des cochons sur paille et à l'air libre, j'ai des poules qui produisent des œufs avec parcours extérieur, je fais dans la Blonde d'Aquitaine sans « cul de poulain », j'ai décidé que cette production je la valoriserai moi-même avec l'aménagement d'une étable en magasin, j'ai un succès fou et ma boutique ne désemplit pas.

Je sais gérer mon entreprise familiale et mon personnel travaille dans une sphère positive avec un minimum de stress, grosse cerise sur le gâteau, mon voisin travaille avec l'aide d'un ouvrier et moi je donne de l'emploi à 12 personnes à temps plein, yesssss…

Vive le lard, les ribb's et les côtes marinées…

Au rayon boucherie d'une grande surface, j'ai assisté à une scène étonnante en observant les bouchers à travers la grande vitre. Un apprenti met des tranches de lard dans un liquide de couleur rouille type terra cota, je remarque qu'il y a d'autres barquettes en route de la même veine. Curieux de nature, j'ouvre la porte de l'atelier et me fais sermonner, car je n'étais pas aux normes vestimentaires. Trop tard, j'y suis et pose une question au chef boucher quant à la composition du liquide se trouvant dans le gros bidon que l'on verse sur les morceaux de viande. Top secret, me dit-il, je suis allé chez un grossiste lire la composition de ce genre de produit, bon, restons-en là ! Herbes fraîches, huile d'olive, ail, romarin, sauge, paprika, origan, thym, fleur de sel et poivre noir vous donneront un plaisir fou. Bon barbecue.

Les Grands Chefs sont-ils crédibles dans les pubs ?

Il y a Marco qui explique qu'une sauce tomate pour les pâtes doit être rehaussée d'une portion de concentré de viande industriel, j'adore… Il y a le chef John qui nous dit que son inspiration vient de sa grand-mère et que la soupe qu'il vante est identique à celle que vous faites à la maison avec des légumes frais. Il y a ces chefs étoilés dont la photo se trouve sur les boîtes de fonds et de fumets en poudre pour les collectivités. Il y a la star locale qui vous explique qu'ouvrir un sachet, verser de l'eau et puis le passer au micro-ondes et hop des pâtes au bouillon asiatique comme là-bas. Puis il y a le grand Paul Bocuse qui du haut de ses 86 ans fait de la pub pour des casseroles en inox top qualité, pour du matériel de cuisine fabuleux et pour sa région lyonnaise. Merci, Monsieur Paul, vous êtes bien le Chef du siècle, à chacun son style !

Ça y est, le printemps est là ainsi que les bonnes nouvelles…

Si vous saviez comme je suis heureux de recevoir votre courrier. Ça me permet de prendre du recul et de descendre d'un piédestal que je n'imagine même pas, mais d'après ce que je lis, pour quelques personnes, mes recettes sont plus compliquées à réaliser. Je précise que l'objectif est de faire différemment, tout en étant le plus proche possible d'un plaisir gustatif à partager autour d'une table conviviale. J'apprécie autant les préparations simples et courtes que la cuisine dite de haut niveau, ici c'est une question de choix, mais je promets aux personnes intéressées que dorénavant il y aura à chaque parution une recette avec moins de 7 ingrédients hors épices et condiments qu'on est supposé avoir sous la main. Allez, chose promise, on commence cette semaine.

Mais que la cuisine italienne est bonne dans le Piémont…

Invité une semaine à Bra dans le Piémont à l'Université des Sciences Gastronomiques de Pollenzo dans le cadre d'échanges culinaires avec des étudiants, j'ai pris une super leçon de cuisine simple et goûteuse en mangeant dans les restaurants de cette belle région. Quand je pense à ce qu'on nous sert parfois dans des pseudo-restaurants italiens, je me demande s'ils sont vraiment de là-bas, car leur cuisine est un mélange de saveurs associées à de la crème, à de l'huile d'olive industrielle ou à du lard fumé ardennais en guise de pancetta. Faut arrêter de rire, les gars, je vais juste témoigner de ce que j'ai le plus apprécié : la salciccia di Bra, le véritable vitello tonnato, le filetto della Granda « all' Albese », ravioli « del plin » al sugo d'arrosto, la panna cotta sans gélatine et le sorbetto al mandarino di Ciaculli… fantastico e bellissimo !

Il paraît que le bio n'est pas forcément meilleur pour la santé…

En allant chercher le pain chez le boulanger, je lis dans 7 semaines qu'une étude américaine est très étonnée que le bio en général ne contient pas plus de vitamines ni d'éléments nutritifs que le conventionnel. Même si ces chercheurs ne sont pas à la botte d'une multinationale, il faut appeler un chat un chat, tout cela est certainement réel, moi je ne m'en suis jamais inquiété. Par contre, il est certain que les produits bio ne contiennent que ce qui se trouve dans la pollution aérienne, car ils ne sont pas traités chimiquement par le cultivateur, que les animaux sont respectés par l'éleveur, que le goût de certains produits est supérieur et fabuleux (carotte, patates, céleri, volailles, œufs, etc.), que les viandes ne font pas de rétention d'eau à la cuisson, que les poissons ne sentent pas le médicament, que le poulet n'était pas en cage, que le vin ne donnera pas une barre à la tête, que la tomate d'ancienne variété sera charnue et dépourvue d'eau, que la personne qui a travaillé dur pour arracher les herbes manuellement est justement rémunérée… Voilà, et en plus c'est bon pour la Planète, là y a pas photo !

Foutue saison…

Il devrait geler et on se croirait en automne avec le soleil en moins et la pluie en plus. Dans mon potager, les herbes aromatiques et sauvages sont toujours bien présentes. Cela fait jaser tant le sceptique que le convaincu du changement climatique. J'ai conscience d'une perturbation, car dans mon enfance, on s'amusait comme des fous sur la neige en traîneau des journées entières par -10 °C. Plaisir ultime le soir de rentrer à la maison avec les pieds gelés, de se les réchauffer dans le « coffre » de la vieille cuisinière à bois. De déguster la soupe aux gros légumes de saison, la choucroute au jambonneau maison, la pomme cuite au four au beurre fermier et à la cannelle. Juste pour rappeler qu'en cette période difficile pour certains, le respect saisonnier des légumes, viandes et fruits est plus que jamais de mise.

Voici enfin l'été… et les sauces qui vont une fois avec !

On finissait par imaginer ne pas avoir droit à une party entre amis, un barbecue géant en famille ou un apéro les pieds dans la piscine. Par contre, pour les inconditionnels de la radio comme moi, les agences de pub n'ont pas attendu de voir revenir le soleil pour nous bassiner de judicieux conseils en tous genres. Ma pub préférée va à contre sens avec ma philosophie, mais elle a un atout incroyable, c'est qu'à chaque fois, je me marre à en oublier mes propres casseroles… surtout avec cet accent brusselaire génial. Cela m'a donné l'envie d'aller acheter la sauce Samouraï et de la comparer avec celle que je fais, y a pas photo, la mienne est meilleure, mais je continuerai à m'esclaffer à chaque fois que j'entendrai la famille Devos, surtout l'histoire du bocal avec les tortues qui doivent se faire hara-kiri… Non, peut-être ! (Seuls les Belges de Bruxelles comprendront !)

Manger Slow-Food, c'est bon, propre et juste ?

Je profite de ce billet pour lancer un appel au secours au nom du bon sirop de pomme et de poire artisanal qui a cuit et réduit dans une grande cuve en cuivre sans addition de sucre chez Joseph Delvaux. Au véritable jambon d'Ardenne qui a été salé, séché, cajolé et fumé avec des copeaux de la région de La Roche-en-Ardennes chez Philippe Bouillon. Au fromage de Herve qui lorsqu'il n'est pas industriel et est affiné dans les caves de la fromagerie du Vieux Moulin par Madeleine Hanssen est bio et d'un moelleux exceptionnel. Que dire du pâté gaumais, de l'escavèche de Chimay, du bloedpens de Bruxelles, des petits gris de Namur, de la tarte à la maquée de Jodoigne, du vrai pékèt sans colorants, des bonnes bières artisanales, de la tarte au riz coulante de Verviers et j'en passe… Tout cela pour rappeler qu'une des raisons d'existence du mouvement Slow Food fondé en Italie en 1986 par Carlo Petrini, est de sauvegarder notre patrimoine gastronomique régional, si on n'y prend garde, nos enfants ne connaîtront pas les produits cités plus haut en continuant à les gaver de pâte à tartiner bien connue, de jambons injectés d'eau et de fromages insipides. Si cela vous tente, rejoignez un Convivium, il y en a un près de chez vous et ça manque de bénévoles pour une cause bonne, propre et juste.

Si on utilisait ce qu'on appelle d'habitude les « déchets » en cuisine ?

Avec la belle saison, les légumes nouveaux arrivent et c'est le moment de savourer les premiers radis, les carottes, les navets, et bientôt les betteraves rouges. Savez-vous que 26 % de la nourriture sur cette terre est gaspillée, en déchets de pelage, en aliments jetés à la poubelle ou au compost ? À l'heure où on se plaint de la vie chère, je vous propose quelques idées afin de diminuer ce gaspillage alimentaire, avec notamment la récupération des fanes de carotte dans une recette ci-dessous. S'ils ne sont pas traités aux produits chimiques donc de votre potager ou achetés bio, certains légumes pour le potage seront bien lavés et non pelés comme la carotte, le navet et le céleri, on pourra y ajouter les fanes de radis, de carotte et de navet. La peau d'un légume ou d'un fruit contenant une grande partie de vitamines, d'énergie et d'antioxydants, même pour faire des crudités, il n'est pas nécessaire de les peler et ça renforce le goût.

Je ne suis pas Colombo…

Comme disait ma femme, pourrais-tu pas faire un billet positif ?

L'automne arrive avec ses belles couleurs, tant des arbres que des vignes que possèdent quelques vignerons bien de chez nous. C'est l'occasion de faire des balades en forêt avec des amis et de terminer par un festin dans un restaurant champêtre qui proposera l'apéritif juste devant le feu de bois, le repas sera peut-être encore pris en terrasse chauffée au bois local, le café sera servi dans le salon spécialement aménagé pour pouvoir y savourer une petite liqueur de vieux garçon accompagnée d'un cigare exceptionnel de la Semois. Et après tout cela, il faudra rentrer à la maison, mais comme nous serons bien organisés, ce sera Bob qui conduira. Dans la voiture, nous retracerons cette merveilleuse journée qui restera inoubliable. Elle ne sera pas belle la vie ? J'en parlerai à ma femme…

Même les multinationales s'y mettent !

Dans le cadre de la semaine bio, j'ai presté avec d'autres chefs dans un établissement qui fait le pas vers le bio durable. Afin d'être certifié pour cette journée, l'intendant avait acheté 100 % d'aliments biologiques et quelle surprise de constater qu'une marque très connue de cubes de bouillon de poule industriels, fabriquait des boîtes de poudre pour « améliorer » les potages et les sauces. Mon premier réflexe fut d'expliquer à mes collègues qui si le potage était réalisé avec des légumes bio, il n'y avait pas de raison d'amener un goût de poulet, car ces légumes suffisaient amplement à donner la saveur requise. Par contre, cette même société de certification a refusé le sirop artisanal produit avec des fruits de hautes tiges non traités parce qu'il n'était pas écrit « bio » sur le pot, je me dis que David contre Goliath est une réalité et que ces multinationales font n'importe quoi pour se donner une belle image au cœur de leurs productions aseptisées…

Vive le surimi Van Oostende !

Un très beau matin d'août, va pour une journée à Oostende, dans le train je m'assoupis et je rêve d'une bonne Rodenbach bien fraîche avec des grosses crevettes grises non décortiquées, d'un petit plateau de fruits de mer en terrasse et d'une aile de raie meunière juste cuite à l'arrête…

Terminus, tout le monde descend, sortie des quais, je traverse le pont, je prends à droite, direction la digue en face de tous ces restaurants typiques qui proposent tout ce dont j'ai rêvé !

Oh surprise, je passe devant des espèces de cabanons où on vend des barquettes de fruits de mer à 2,00 €, des plateaux à 5,50 € et de tout en vrac, la couleur des scampis, des langoustines, des langoustes et des pinces de crabe m'intrigue, en mai dernier j'ai cuisiné 8 sortes de crustacés et aucun n'avait cette apparence, je m'approche, la dame me parle en patois de West-Vlaanderen que je comprends parfaitement : « Dames en heren, welkom bij Surimi Land », là où les fruits de mer ont une forme de crustacé, mais ne sont pas des crustacés… MOA VEN TOH ! Will Tura 1992 (ça aussi c'est en dialecte de là-bas !)

Ça sent vraiment la rentrée…

C'est une évidence, après des vacances ensoleillées, il est temps de prévoir la rentrée scolaire. L'occasion pour moi de remettre une couche sur l'alimentation de nos bambins. Qu'il s'agisse des collations, du repas de midi ou du goûter, je rêve un jour de débarquer dans une école à la récré pour voir ce que mangent les enfants. De la même manière, vérifier l'équilibre de l'assiette servie à la cantine à midi ou ce qu'il y a dans la boîte à tartine. Enfin, même si le goûter n'est pas une nécessité, j'aimerais aussi voir ce qu'ils mangent en rentrant de l'école, j'imagine qu'on plonge facilement sur un bol de céréales avec du lait ou sur tartine de « choco » bien connue, alors qu'un fruit de saison et bien de chez nous ferait un bien fou vers 16-17h. Allez, c'est promis, la semaine prochaine, 3 recettes rien que pour le bonheur et la santé de nos enfants !

Quand le cœur y est, c'est merveilleux.

Des personnes disent qu'il est anormal en ce 21e siècle de voir tant de misère dans nos rues, qu'il y a des retraités qui n'arrivent pas à nouer les deux bouts et sont obligés de faire appel au CPAS ou de manger aux Restos du Cœur. Pour avoir collaboré il y a quelques années à un repas de fête de Noël destiné aux habitués de l'association chère à Coluche, je confirme que beaucoup de bénévoles travaillent au quotidien pour le bonheur des démunis. Bravo à vous Mesdames et Messieurs qui, chaque jour, week-end compris, cuisinez pour que chacun mange à sa faim, pour qu'en cette période froide de l'année, une bonne jatte de café fort et bien chaud vaille tout l'or du monde. Merci aux donateurs et aux sponsors de l'anonymat, vous êtes le soleil qui manque dans leur cœur pour peut-être de nouveau atteindre le bonheur un jour ou l'autre !

Les examens approchent pour nos jeunes…

Quel que soit le niveau d'étude, mais particulièrement pour le niveau supérieur et universitaire, la période de « bloque » et d'examens est souvent considérée par les parents comme un moment difficile à passer pour toute la famille. C'est en effet très dur pour l'étudiant au niveau intellectuel et aussi par le manque de sommeil. Alors que dire de la nourriture dans ces moments forts ? Je pense que c'est le moment ou jamais de préparer des repas bien équilibrés, de profiter au maximum des légumes nouveaux que nous donne la saison et surtout de faire table rase de toutes ces graisses inutiles et autres sucres cachés dont nos étudiants sont gavés sur les campus et à proximité des écoles. Un bon petit-déjeuner avec des protéines, deux repas complets flanqués de beaucoup de légumes et des collations saines, c'est peut-être ça aussi la réussite des examens…

J'adore la côte belge…

J'ai découvert la Baie de Somme sur la Manche à environ 350 km de chez moi. Habituellement, c'est Oostende, De Haan ou Knokke, et comme quand on aime on ne compte pas, j'y ai dépensé plus qu'il ne faut en hôtel, en restaurant et en frais d'amusements divers. Quelle agréable surprise de voir que cette côte française a gardé son caractère d'antan sans construction de buildings en bord de plage ! Depuis la Côte d'Opale jusqu'à Etretat, la nature garde sa place et l'état sauvage est merveilleux.

3 restaurants en 3 jours et des additions qu'on se demande si le serveur n'a pas fait une erreur. Il est même très agréable de savoir que mon accent belge est le bienvenu et que je suis considéré comme un vrai touriste qui dépense par plaisir, ça me change de l'accueil sur la Vlaams Kust où on me tire la gueule parce que je ne consomme qu'une bière et une tomate-crevettes grises (peut-être épluchées au Maroc) et qu'on vire les cendriers de la terrasse parce qu'un car de Hollandais arrive ! Je retournerai au Crotoy… et à Oostende aussi, mais seulement pour y voir mes amis.

En principe, quand on va à l'hôpital, c'est pour guérir non ?

Une expérience personnelle récente m'a gratifié d'un « régime » imprévu au programme que je m'étais fixé. **Petit-déjeuner :** pain coloré en brun avec possibilité de plier les tartines en 8 sans qu'elles ne cassent. Margarine, confiture pure sucre et gelée sans goût de fraise. **Midi :** potage avec beaucoup plus d'eau que de légumes, brocoli cuit en bouillie, purée à chaque service et boulettes de viande de forme carrée, sauce dite à la liégeoise au goût de sucre.

Le soir : les mêmes tartines, Camembert à l'aspect et la régularité d'un fromage fondu, des œufs cuits, durs il y a longtemps, et peut-être conservés au formol, de la macédoine en boîte et cerise sur le gâteau, des grains de raisin aussi gros que des prunes, pas mal au mois de janvier… Merci à mon épouse de m'avoir apporté du pain, du beurre, des noix, du vrai fromage, je suis guéri !

Manger du saumon, c'est bon pour la santé, mais pas n'importe lequel…

J'ai visionné un film sur www.youtube.com sur l'élevage de saumon en Norvège nourris avec des pesticides réservés aux végétaux. C'est une horreur et on y voit les maladies attrapées par les poissons vivants à côté des fermes aquatiques. C'est une catastrophe écologique au nom de l'industrie. Il y a de 20 ans déjà, un député européen avait tiré le signal d'alarme sur la production de saumons croisés avec des gènes de rats pour accélérer le processus d'élevage ! À l'époque, j'étais passé en direct sur la Première pour réagir à cette mascarade. Aujourd'hui, rien n'a changé, l'Homme est toujours aussi avide de rendement et de conneries au nom du fric, mais le pire, c'est qu'on nous prend pour des CONS(ommateurs)… L'Écosse, et surtout l'Irlande, fait de très bons élevages de saumon en bio. À vos caddies, et surtout regardez-y à deux fois

Recettes à réaliser uniquement en compagnie de vos enfants ou de vos petits-enfants

Extraites de mon carnet personnel et professionnel, il vous faudra avoir un peu de réflexion et d'idées pour imaginer la procédure de réalisation de ces préparations. Ce sera aussi l'occasion de laisser libre cours à vos enfants et petits-enfants…

Ganache pour sauce au chocolat chaude

– 2 litres de crème fraîche crue fermière
– 3 litres de lait cru fermier
– 1 kg de sucre fin de canne
– 4 kg de chocolat noir à 70 % de cacao
– 10 cl de Pastis
– 1 botte de menthe fraîche

Mon biscuit à gâteau maison

– 12 jaunes d'œufs
– 240 g de sucre fin de canne
– 225 g de farine de froment type 65
– 9 blancs d'œufs en neige avec une pincée de sucre fin de canne
– 150 g de beurre fondu pas trop chaud
– 60 g de cacao en poudre pour un biscuit au chocolat

Génoise au chocolat

– 140 g de farine de froment type 65

– Une pincée de sel de mer

– 40 g de cacao en poudre

– 80 g de poudre d'amande

– 6 œufs battus avec 150 g de sucre fin de canne au bain-marie, 14 d'heure à 40 °C

Biscuit à Misérable

– 1,125 kg de broyage (50/50)

– 110 g de farine de froment type 65

– 5,5 dl de blanc d'œufs battus en neige avec une petite pincée de sucre fin de canne

Biscuit d'amande

– 150 g de farine de froment type 65

– 450 g de sucre fin de canne

– 900 g de poudre d'amande

– 900 g de blanc d'œuf en neige

Biscuit Sacher

1re partie

– 500 g de beurre

– 350 g de sucre fin de canne

– 20 jaunes d'œufs

– 5 œufs entiers

– 500 g de chocolat noir à 70 % de cacao fondu

2e partie

– 20 blancs d'œufs

– 150 g de sucre fin de canne

Mélangés

– 350 g de farine de froment type 65

– 350 g de poudre d'amande

Gâteau sec au chocolat
– 7 œufs
– 300 g de sucre fin de canne
– 175 g de chocolat noir à 70 % de cacao
– 150 g de beurre
– 125 g de farine de froment type 65 mélangée avec 50 g de cacao en poudre
– 25 g de fécule de pomme de terre

Crème d'amandes pour tarte
– 1 kg de sucre glace
– 1 kg de poudre d'amande
– 1 kg de beurre pommade
– 20 œufs entiers
– L'intérieur de 2 gousses de vanille naturelle de Madagascar ou un peu de rhum

MES PÂTES DE BASE (avec de la farine de froment bio de type 55 ou 65)

Pâte levée (celle de ma Mamy, puis de ma maman !)
– 1 kg de farine
– 250 g de beurre fondu
– 50 g de saindoux
– 6 œufs
– Pincée de sel de mer et de sucre fin de canne
– 100 g de levure de boulanger

Pâte brisée
– 500 g de farine
– Une pincée de sel de mer
– 250 g de beurre pommade
– 1 dl d'eau tiède

Pâte feuilletée rapide

– 500 g de farine
– 400 g de beurre très froid en cubes
– ½ c à c de sel de mer
– 20 cl d'eau

Pâte sucrée

– 1 kg de farine
– 400 g de sucre fin de canne
– 400 g de beurre pommade
– 4 œufs

Pâte sablée

– 1 kg de farine
– 650 g de beurre pommade
– 200 g de sucre glace
– 1 pincée de sel de mer et 200 g d'œuf entier

Pâte pour tarte Tatin

– 125 g de vin blanc sec
– 250 g de beurre pommade
– 425 g de farine
– 100 g de sucre fin de canne
– 1 pincée de sel de mer

Pâte à chou

– 250 g d'eau ou de lait cru fermier
– 10 g de sucre fin de canne
– 120 g de beurre en cubes
– 5 g de sel de mer
– 200 g de farine
– Environ 5 à 6 œufs

Pâte à crêpes

– 250 g de lait cru fermier
– L'intérieur de ½ bâton de vanille naturelle de Madagascar
– 2 œufs
– 80 g de farine
– 30 g de sucre fin de canne
– 1 c à s d'Élixir d'Anvers ou de Bénédictine

Pâte fraîche à nouilles, spaghettis, raviolis ou lasagnes

– 500 g de farine ou de farine de blé dur
– 5 œufs
– 1 pincée de sel… et BASTA !

Pâte à brioche

– 1,3 kg de farine
– 200 g de beurre fondu
– 42 g de levure de boulanger diluée dans ½ litre de lait cru fermier
– 150 g de sucre fin de canne
– 8 jaunes d'œufs
– 200 g de raisins secs (facultatif)

Pâte à Kougelhof

– 500 g de farine
– 250 g de beurre fondu
– 25 g de levure de boulanger diluée dans ½ litre de lait cru fermier
– 2 œufs battus
– 125 g de sucre fin de canne
– 200 g de raisins secs imbibés de kirsch
– 1 pincée de sel de mer

Pâte à frire

– 500 g de farine

– 750 g de bière locale à environ 5 % volume d'alcool

– 0,5 dl d'huile d'olive

– 2 œufs entiers

– 4 blancs d'œufs en neige avec 1 petite pincée de sucre fin de canne

– 1 pincée de sel de mer et 30 g de sucre (pour les beignets et autres sucreries)

Pâte à cake

– 250 g de massepain (60/40)

– 8 œufs

– 290 g de sucre fin de canne

– 270 g de lait cru fermier

– 8 g de levure de boulanger

– 390 g de farine

– 320 g de beurre

Pâte à cramique

– 1 kg de farine

– 20 g de sel de mer

– 60 g de sucre fin de canne

– 500 g de beurre

– 4 œufs

– 500 g de lait cru fermier

– 300 g de raisins secs

– 100 g de sucre perlé

Cuire 30 à 40' à 200 °C

MES PRÉPARATIONS DE BASE POUR PÂTISSERIES

Meringue classique (environ 65 pièces)
– 10 blancs d'œufs
– 750 g de sucre fin de canne (en deux fois)

Cuire 2 h 30 à maximum 110 °C, mais ça peut aussi être toute la nuit dans un four qu'on vient d'arrêter !

Crème anglaise
– 1 litre de lait cru fermier
– 2 bâtons de vanille de Madagascar
– 300 g de sucre fin de canne
– 12 jaunes d'œufs

Crème à flan
– 1 litre de lait cru fermier
– 1 bâton de vanille de Madagascar
– 250 g de sucre fin de canne
– 7 œufs entiers

Crème brûlée
– ½ litre de lait cru fermier
– ½ litre de crème crue fermière
– 1 bâton de vanille de Madagascar
– 250 g de sucre fin de canne
– 5 œufs
– Cassonade ou sucre de canne brun pour caraméliser

Crème catalane
– 1 litre de lait cru fermier
– 200 g de sucre fin de canne
– Les zestes de 1 citron

– 1 bâton de cannelle
– 4 jaunes d'œufs
– 50 g de fécule de maïs
– 1 petite tasse de lait froid
– Cassonade ou sucre de canne brun pour caraméliser

Crème brûlée au pain d'épices
– 1 litre de lait cru fermier
– 1 litre de crème crue fermière
– 2 bâtons de vanille de Madagascar
– 250 g de chapelure de pain d'épices
– 10 jaunes d'œufs
– 3 œufs entiers
– 100 g de sucre fin de canne
– 150 g de cassonade
– Cassonade ou sucre de canne brun pour caraméliser

Crème pâtissière
– 10 jaunes d'œufs
– 400 g de sucre fin de canne
– 150 g de farine
– 1,5 litre de lait cru fermier
– 1 bâton de vanille de Madagascar

Crème pâtissière au chocolat
– 1 litre de lait cru fermier
– 1 bâton de vanille de Madagascar
– 10 g de sel de mer
– 8 jaunes d'œufs
– 300 de sucre fin de canne
– 100 g de farine
– 20 cl de lait cru fermier
– 150 g de chocolat noir à 70 % de cacao

Crème chantilly
– 500 de crème fraîche crue fermière
– ¼ de l'intérieur d'une gousse de vanille de Madagascar
– 100 g de sucre glace

Crème chantilly chocolatée
– 500 g de crème fraîche crue fermière
– 50 g de cacao en poudre
– 2 pointes de sucre vanillé
– 90 g de sucre glace

Crème au pralin
– Crème pâtissière, sur base de ½ litre de lait
– 50 g de sucre fin de canne et un peu d'eau
– 50 g d'amandes effilées
– 2 dl de crème chantilly

Crème au beurre légère nature et chocolat
– Faire un sirop de sucre avec 250 g de sucre fin de canne et 150 g d'eau
– 400 g de ce même sirop de sucre
– ½ bâton de vanille de Madagascar
– 4 jaunes d'œufs
– 200 g de beurre pommade
– 80 g de chocolat à 70 % de cacao (pour la recette au chocolat !)

Caramel mou
– 150 g de sucre fin de canne
– 250 g de crème fraîche crue fermière
– 60 g de chocolat au lait peu sucré

Ganache au chocolat noir

– 600 g de crème fraîche crue fermière
– 200 g de glucose
– 600 g de chocolat noir à 70 % de cacao

Ganache au chocolat blanc

– 400 g de crème fraîche crue fermière
– 100 g de graisse dure
– 700 g de chocolat blanc peu sucré

Ganache au chocolat

– 400 g de crème fraîche crue fermière
– 700 g de chocolat noir à 70 % de cacao
– 140 g de graisse dure

LES GÂTEAUX DE MON CHARIOT DE DESSERT DU BRUEGEL A DAMME

Gâteau aux roulés à l'orange

– Génoise fine écrasée et roulée avec confiture d'orange et zestes d'orange

– 1,5 litre de jus d'orange frais

– Quelques zestes d'orange blanchis

– 1,5 litre de crème fraîche crue fermière battue

– 300 g de sucre fin de canne

– 23 feuilles de gélatine ou 10 g d'agar-agar

– 2,5 dl de Grand Marnier

Gâteau javanais

– Biscuit à javanais fin

– 1 kg de beurre pommade

– 10 jaunes d'œufs

– 500 g de sucre liquide (60 %)

– 1 et ¼ bâton de vanille de Madagascar

– Extrait de café et ganache chocolat noir

Gâteau misérable

– Biscuit à misérable

– 1 kg de beurre pommade

– 10 jaunes d'œufs

– 500 g de sucre liquide (60 %)

– 1 et ¼ bâton de vanille de Madagascar

Gâteau fifi

– Biscuit à fifi fin

– 1/3 crème au pralin

– 1/3 crème au beurre au café

– 1/3 ganache au chocolat

– Couverture ganache au chocolat

Gâteau aux noix
– Pâte sucrée
– 500 g de sucre fin de canne en caramel
– 300 g de crème fraîche crue fermière
– 400 g de cerneaux de noix
– 200 g de beurre pommade

Gâteau mousseux à la banane
– Fond de génoise
– Contour en pâte à lignes au chocolat
– 250 g de lait cru fermier
– 250 g de sucre fin de canne
– 14 feuilles de gélatine ou 10 g d'agar-agar
– 1 kg de pulpe de banane
– 2 litres de crème fraîche battue
– Couverture, brésilienne

Gâteau au chocolat
– Génoise au chocolat
– Sirop de sucre au kirsch
– 1,5 litre de crème fraîche battue
– 800 g de chocolat Callebaut 811
– 1 café serré
– Couverture ganache au chocolat

Gâteau pistache et chocolat
– Biscuit pâte à ligne au chocolat de contour
– Génoise au chocolat
– ½ litre de lait cru fermier
– 200 g de pistaches fraîches
– 1 litre de crème fraîche crue fermière battue
– 150 g de sucre fin de canne

– 12 feuilles de gélatine ou 8 g d'agar-agar
– 1 litre de crème fraîche crue fermière battue
– 600 g de chocolat noir à 70 % de cacao
– 4 feuilles de gélatine ou 2,5 g d'agar-agar

Gâteau chocolatine
– Génoise classique
– 200 g de chocolat Callebaut 811
– ½ litre de crème fraîche crue fermière battue
– 1 feuille de gélatine ou 0,70 g d'agar-agar
– 250 g de chocolat blanc peu sucré
– ½ litre de crème fraîche crue fermière battue
– 1,5 feuille de gélatine ou 1,05 g d'agar-agar

Gâteau mousseux au fruit de la passion
– Génoise classique
– Pâte à ligne nature et rouge de contour
– 1,5 litre de jus de fruit de la passion
– 1,5 litre de crème fraîche crue fermière battue
– 450 g de sucre fin de canne
– 23 feuilles de gélatine ou 15 g d'agar-agar
– Glacé avec jus de fruits de la passion gélifié et quelques graines de fruit de la passion

Gâteau mousseux à la framboise
– Génoise classique
– Roulé de biscuits à la confiture de framboises
– 1,5 litre de framboises mixées et passées au chinois
– 1,5 litre de crème fraîche crue fermière battue
– 300 g de sucre fin de canne
– 23 feuilles de gélatine ou 15 g d'agar-agar
– Glacé au coulis de framboise gélifié

Gâteau mousseux fraise-pistache

– Génoise classique
– Lamelles ou ½ fraises identiques
– 1,5 kg de fraises mixées
– 1,5 kg de crème fraîche crue fermière battue
– 300 g de sucre fin de canne
– 23 feuilles de gélatine ou 15 g d'agar-agar
– 200 g de pistaches fraîches
– Glacé à la pistache mixée et sirop de sucre gélifié

Gâteau moelleux au chocolat

– 2 kg de chocolat noir à 70 % de cacao
– 1 kg de beurre
– 60 œufs entiers
– 1,7 kg de sucre fin de canne
– 1 kg de farine
– Cuire en petits cerclages à 230 °C quelques minutes !

Gâteau de Verviers

– 5 dl de lait cru fermier
– 100 g de levure de boulanger
– 1,250 kg de farine
– 20 g de sel de mer
– 100 g de sucre fin de canne
– 500 g de beurre pommade
– 600 g de sucre perlé
– Cuire en moule à 200 °C

Cake aux pommes

– 500 g de farine
– 500 g de beurre pommade
– 500 g de sucre fin de canne

– 13 œufs
– 30 g de baking powder
– 2 c à s d'eau de fleur d'oranger
– 4 pommes de type Elstar

MES TARTES ET GAUFRES

Tarte au sucre

– 250 g de pâte levée

– 250 g de cassonade

– 3 œufs battus

– 2 c à s de crème fraîche crue fermière

– 50 g de beurre en petits morceaux

ou

– ½ cm de sucre fin de canne dans le fond de la tarte

– 50 g de beurre en petits morceaux

– 3 œufs battus

– 300 g de crème fraîche crue fermière

Clafoutis aux cerises

– Un fond de pâte sucrée mi-cuite

– Le fond rempli de fruits de saison (cerise, abricot, pêche, prune, reine-claude, myrtilles, etc.)

– 1 œuf entier battu avec 2 jaunes d'œufs

– 70 g de sucre fin de canne

– 1 dl de crème fraîche crue fermière

Tarte au fromage blanc

– 250 g de pâte levée

– 300 g de fromage blanc épais (maquée)

– 4 jaunes d'œufs

– 10 g de farine

– 50 g de sucre fin de canne

– 1 dl de crème fraîche crue fermière battue

– Le zeste de 1 citron

– 4 blancs d'œuf en neige avec une pointe de sucre fin de canne

– 20 g de sucre glace

Tarte brésilienne, miel et café

- 250 g de pâte sucrée
- 50 % de crème pâtissière au café
- 50 % de crème chantilly au miel d'acacias
- Couverture de brésilienne

Tarte chocolat au lait et poire

- 1 fond de pâte sucrée cuite à blanc
- 250 g de crème fraîche crue fermière
- 400 g de chocolat au lait peu sucré
- 8 poires bien mûres

Tarte aux deux chocolats et banane

- 1 fond de pâte sucrée cuite à blanc
- 125 g de chocolat noir 70 % de cacao
- 275 g de chocolat au lait peu sucré
- 250 g de crème fraîche crue fermière
- 6 à 8 bananes

Tarte au riz pour 2 grandes pièces

- 500 g de pâte levée
- 2 litres de lait cru fermier
- 1 bâton de vanille de Madagascar ou 2 bâtons de cannelle
- 250 g de riz caroline rincé
- 4 jaunes d'œufs
- 250 g de sucre fin de canne
- 200 g de crème fraîche crue fermière battue
- 2 blancs d'œufs en neige avec une pincée de sucre fin

MES DESSERTS SERVIS À L'ASSIETTE

Terrine de fruits de saison

– 5 pêches ou fruits rouges divers
– ½ litre de jus d'orange frais
– ½ litre de Champagne ou de vin rouge Brouilly
– 50 g de sucre fin de canne
– 10 feuilles de gélatine ou 8 g d'agar-agar

Verrine de fruits aux amandes

– 1 kg de fruits de saison coupés
– 300 g d'amandes effilées
– 200 g de coulis de framboise ou de fraise
– 25 cl de vin rouge du Beaujolais
– 150 g de sucre fin de canne

Charlotte coco et cannelle

– Biscuits à la cuillère trempés au lait autour du moule
– 1 litre de lait cru fermier avec 2 bâtons de cannelle
– 8 jaunes d'œufs
– 400 g de sucre fin de canne
– 12 feuilles de gélatine ou 7 g d'agar-agar
– 300 g de coco râpé
– ½ litre de crème fraîche crue fermière battue
– 4 blancs d'œufs en neige avec 1 pincée de sucre fin de canne

Tiramisu

– 500 g de mascarpone
– 100 g de sucre fin de canne
– 4 jaunes d'œufs
– 4 blancs d'œufs en neige avec 1 pincée de sucre fin de canne
– Biscuits à la cuillère trempés dans du café fort avec de l'amaretto

Mousse au chocolat noir

– 250 g e chocolat 70 % de cacao
– Ou 300 g de chocolat noir Callebaut 811
– 500 g de crème fraîche crue fermière
– 6 blancs d'œufs en neige avec 1 pincée de sucre fin de canne

Mousse au chocolat blanc

– 400 g de chocolat blanc peu sucré
– 500 g de crème fraîche crue fermière
– 6 blancs d'œufs en neige avec 1 pincée de sucre fin de canne

Bavarois à la poire crue

– Biscuits à la cuillère trempés au lait autour du moule
– 1 litre de coulis de poire mixé minute
– 1 litre de crème fraîche crue fermière battue
– 200 g de sucre fin de canne
– 18 feuilles de gélatine ou 14 g d'agar-agar

Mousse au fruit de la passion

– 10 fruits de la passion frais
– 3 dl de crème fraîche crue fermière
– 5 feuilles de gélatine ou 4 g d'agar-agar
– 70 g de sucre fin de canne

Panna cotta aux deux chocolats

– 1,5 litre de crème fraîche crue fermière
– 1 litre de lait cru fermier
– 180 g de sucre fin de canne
– 350 g de chocolat blanc et 300 g de chocolat noir 70 % de cacao

Pâte à tartiner légère

– 1 litre de lait cru fermier écrémé
– 200 g de fructose ou 25 g de Candérel (diabétiques)
– 600 g de chocolat noir 70 % de cacao
– 10 feuilles de gélatine ou 3 g d'agar-agar

Crème à la vanille comme un pudding

– 1 litre de lait cru fermier
– 200 g de sucre fin de canne
– 8 jaunes d'œufs
– 60 g de fécule de maïs
– 1 bâton de vanille de Madagascar coupé sur la longueur

Crème au chocolat comme un pudding

– 1 litre de lait cru fermier
– 150 g de sucre fin de canne
– 8 jaunes d'œufs
– 50 g de fécule de maïs
– 180 g de chocolat noir à 70 % de cacao

Riz au lait et à la vanille naturelle

– 500 g de riz caroline
– 2,5 litres de lait cru fermier
– 2 bâtons de vanille de Madagascar fendus sur la longueur
– 600 g de sucre fin de canne et 4 jaunes d'œufs

Pâte à *« bouquettes »*, crêpe épaisse de ma Maman !

– 600 g de farine de sarrasin
– 60 g de levure de boulanger
– 1,5 litre de lait cru fermier
– 9 œufs entiers
– 75 g de beurre fondu

– 150 g de raisins secs
– 6 blancs d’œufs en neige avec 3 c à s de sucre fin de canne
– 3 c à s de rhum brun
– 15 g de cannelle en poudre
– 1 pincée de sel de mer

GAUFRES ET PETITS FOURS

Gaufres au sucre (de Mamy et Maman)

– 2 kg de farine

– 200 g de levure de boulanger avec ½ litre d'eau

– 14 œufs

– 800 g de beurre fondu

– 500 g de sucre fin de canne

– 4 c à s d'huile de tournesol

– 1 kg de sucre perlé

– 1 pincée de sel de mer

– L'intérieur de 2 gousses de vanille de Madagascar ou 30 g de cannelle en poudre

Gaufres 4 quarts (de Mamy et Maman)

– 250 g d'œufs

– 250 g de farine

– 250 g de beurre pommade

– 250 g de sucre fin de canne

– un peu de cannelle en poudre ou l'intérieur d'une demi-gousse de vanille de Madagascar

Gaufres pour confiture ou sirop à l'ancien système (de Mamy et Maman)

– 1,5 kg de farine

– 300 g de lait cru fermier tiède

– 150 g de levure de boulanger

– 4 œufs battus

– 375 g de beurre fondu

– 250 g de sucre fin de canne

– 1 pincée de sel

– 1 pincée de noix muscade

– 15 g de cannelle en poudre

Gaufre salée de pomme de terre
– 1 kg de pomme de terre farineuse cuite (Agria ou Désirée)
– 750 g de farine de froment Type 80
– 300 g de lait cru fermier tiède
– 130 g de levure de boulanger
– 6 œufs entiers battus
– 375 g de beurre fondu
– 1 pincée de sel de mer
– 1 pincée de noix muscade
– Poivre noir du moulin

Cigarettes à la lavande
– 300 g de beurre pommade
– 500 g de sucre glace
– 10 blancs d'œufs crus
– 300 g de farine tamisée
– 12 g de lavande sauvage séchée

Tuiles aux amandes
– 250 g de beurre fondu
– 300 g de farine tamisée
– 400 g de sucre glace
– L'intérieur d'un bâton de vanille de Madagascar
– 11 blancs d'œufs crus
– 400 g d'amandes effilées

Pâte à corolle pour desserts et glaces
– 125 g de beurre fondu
– 1 dl de blancs d'œufs crus
– 125 g de sucre glace
– 150 g de farine

Rochers au coco

– 500 g de coco râpé
– 375 g de sucre fin de canne
– 100 g de beurre fondu
– 5 œufs
– 5 jaunes d'œufs

Madeleines

– L'intérieur d'un bâton de vanille de Madagascar
– 180 g de beurre fondu
– 200 g de sucre fin de canne
– 5 œufs battus
– Les zestes de 1 citron hachés finement
– 200 g de farine

Biscuits à la cuillère

– 75 g de sucre glace
– 3 jaunes d'œufs
– 3 blancs d'œufs en neige avec 1 pincée de sucre fin de canne
– 75 g de farine
– 4 zestes d'orange hachés finement

Langues de chat

– 250 g de beurre
– 400 g de sucre glace
– 400 g de farine tamisée
– 10 blancs d'œufs crus
– L'intérieur d'un bâton de vanille de Madagascar

Biscuits sablés

– 60 g de lait cru fermier
– 50 g de fécule de pomme de terre

– 200 g de beurre
– 80 g de sucre fin de canne
– 1 œuf
– 1 jaune d'œuf
– 375 g de farine tamisée
– 7 g de levure en poudre (Doré + frigo+ cuire)

Spéculoos
– 500 g de farine
– 260 g de beurre
– 260 g de cassonade
– 1 œuf
– 50 g d'amandes effilées
– 2 c à c de bicarbonate de soude
– 2 c à c de cannelle en poudre
– 1 pincée de sel de mer

Truffes au chocolat
– 525 g de chocolat noir à 70 % de cacao
– 400 g de crème fraîche crue fermière
– 100 g de beurre
– 1 dl de Grand Marnier ou de Bénédictine
– Quelques écorces d'orange confites et hachées
– Cacao pur pour enrober

Pâte de fruits
– ½ litre de purée de fruit de saison
– 100 g de sucre fin de canne
– 12 feuilles de gélatine ou 8 g d'agar-agar
– Le jus de 1 citron
– Sucre fin de canne pour enrober

Fruits de saison enrobés de chocolat

– Fruits de saison lavés et bien séchés : raisin, cerise, physalis, morceaux de poire, fraise, framboise, etc.

– 300 g de chocolat blanc tempéré de 40 °C, redescendre à 27 ou 28 °C

– 300 g de chocolat noir à 70 % de cacao tempéré de 40 °C, redescendre à 31 °C

– 300 g de chocolat au lait tempéré de 40 °C, redescendre à 30 °C

Tuiles au cacao

– 150 g de beurre pommade

– 150 g de sucre glace

– 225 g de blancs d'œufs crus

– 120 g de farine tamisée avec 60 g de cacao pur

RECETTES DE BASE DE MA CUISINE SALÉE

Bavarois à la tomate fraîche

– 0,750 kg de tomates fraîches de saison
– 1 oignon
– 1 gousse d'ail
– Thym, laurier et huile d'olive

Puis

– 300 g de crème fouettée
– 300 g de coulis de tomate
– 6 feuilles de gélatine ou 4 g d'agar-agar
– 2 c à s de basilic haché minute
– Sel de mer
– Poivre noir du moulin

Terrine maison (3 pièces)

– 500 g de gras de porc
– 500 g de collier de porc
– 500 g de foie de porc
– 1 kg de viande maigre de porc ou d'un gibier qui déterminera le non de cette terrine
– 750 g de champignons châtaigne
– 330 g de noisettes, de noix ou de pistaches fraîches
– 3 échalotes
– 1 botte de persil plat
– 750 g de crème fraîche crue fermière
– 9 œufs entiers
– 1 gousse d'ail
– 400 g de jus de viande (porc, veau, bœuf ou gibier)
– Sel de mer
– Poivre noir du moulin
– 100 g de liqueur (Élixir d'Anvers, Élixir de Spa ou Bénédictine)

Terrine de queue de bœuf

– 1 queue de bœuf cuite au bouillon

– 1 litre de bouillon de cette cuisson

– 250 g de brunoise des légumes de cuisson

– 13 feuilles de gélatine ou 8 g d'agar-agar

Mousse de jambon

– 500 g de jambon à l'os

– 2 dl de bouillon de volaille

– 1,5 dl de gelée neutre

– 4 dl de crème fraîche crue fermière battue

– Poivre noir du moulin

– Quelques cubes de foie gras fait maison (facultatif)

Mousse de jambon d'Ardennes

– 1 kg de jambon d'Ardenne fumé

– 1 kg de jambon à l'os

– 1 litre de fond de volaille

– 1,750 kg de crème fraîche crue fermière battue

– 7 feuilles de gélatine ou 4,5 g d'agar-agar

– 8 blancs d'œufs en neige avec 1 pincée de sucre fin de canne

– Sel de mer

– Poivre noir du moulin

– Un peu de gin belge

Mousse de magret de canard fumé

– 500 g de magret de canard fumé artisanal

– 500 g de cuisse de canard confite désossée

– 800 g de crème fraîche crue fermière battue

– 200 g de blancs d'œufs battus avec 1 pincée de sucre fin de canne

– 300 g de gelée de volaille

– Poivre noir du moulin

– Un peu de Porto blanc

Terrine de poisson

– 1 kg de chair de poisson cru
– Sel de mer
– Poivre noir du moulin
– Noix muscade
– Poivre de Cayenne
– 700 g de crème fraîche crue fermière
– 8 blancs d'œufs crus
– 1 échalote
– 10 brins de ciboulette

Mousse d'anguille

– 2 kg de chair d'anguille fumée
– 2 kg de chair de poisson blanc cuite
– 2 dl de fumet de poisson
– 2,5 litres de crème fraîche crue fermière battue
– 20 feuilles de gélatine ou 16 g d'agar-agar
– 15 blancs d'œufs en neige avec une petite pincée de sucre fin de canne
– Sel de mer
– Poivre noir du moulin
– Un peu de genièvre (pèkèt)

Mousse de saumon fumé

– 330 g de saumon fumé
– 330 g de saumon frais cuit vapeur
– 200 g de crème fraîche crue fermière battue
– 2 blancs d'œufs en neige avec une petite pincée de sucre fin de canne
– Sel de mer
– Poivre noir du moulin

Mousse de filet de sole

– Les filets de 7 soles de 800 g

– 1 litre de fumet de sole

– ½ litre de crème fraîche crue fermière battue

– ½ litre de blancs d'œufs en neige avec une pincée de sucre fin de canne

– 6 feuilles de gélatine ou 4 g d'agar-agar

– Sel de mer

– Poivre noir du moulin

– Poivre de Cayenne

Mousse de saumon frais

– 500 g de saumon frais cuit à la vapeur

– 1 dl de fumet de poisson

– 200 g de crème fraîche crue fermière battue

– 200 g de mayonnaise ferme maison

– Un peu de pili-pili en poudre ou de harissa

– Le jus de 1 citron

– 50 g de gelée dorée

– Sel de mer

– Poivre noir du moulin

Appareil à quiche (x 2 = 3 quiches environ)

– 3 dl de crème fraîche crue fermière

– 3 dl de lait cru fermier

– 5 œufs entiers

– Sel de mer

– Poivre noir du moulin

– Noix muscade

Appareil à flan de légume de saison

– ½ kg de purée de légume de saison (asperge, carotte, petit pois, courgette, etc.)

– 1 dl de crème fraîche crue fermière

– 4 œufs entiers battus

– Sel de mer

– Poivre noir du moulin

– Noix muscade

– Herbe hachée au choix et de saison

Croquettes au fromage

– 2 litres de lait cru fermier

– 250 g de beurre

– 350 g de farine

– 400 g de fromage râpé local à pâte dure ou emmental ou gruyère ou parmesan

– 10 jaunes d'œufs

– Noix muscade

– Sel de mer

– Poivre noir du moulin

– Chapelure de pain maison

– Blanc d'œuf cru et un filet d'huile de tournesol

Croquettes à l'ardennaise

– 2 litres de lait cru fermier

– 250 g de beurre

– 350 g de farine

– 100 g d'emmental râpé

– 400 g de jambon fumé d'Ardennes émincé finement

– 10 jaunes d'œufs

– Noix muscade

– Sel de mer

– Poivre noir du moulin
– Chapelure de pain maison
– Blanc d'œuf cru et un filet d'huile de tournesol

Croquettes aux crevettes grises de Zeebrugge
– 3 litres de bisque épaisse faite avec les coffres de crevettes décortiquées à la main
– 700 g de beurre
– 700 g de farine
– 200 g de fécule de pomme de terre
– 10 jaunes d'œufs
– 3 cl de gin belge
– 180 g de jus de citron
– 25 g de tabasco
– 2 kg de crevettes grises décortiquées à la main
– Sel de mer
– Poivre noir du moulin
– Chapelure de pain maison
– Blanc d'œuf cru et un filet d'huile de tournesol

Galettes de polenta aux pistaches
– 3 litres de lait cru fermier
– 3 litres de fond de volaille
– 1,5 kg de semoule de maïs à polenta
– 500 g de pistaches fraîches ou de noisettes ou de noix
– 250 g de beurre
– Sel de mer
– Poivre noir du moulin

Crabe farci
– 5 crabes tourteau cuits
– 4 oignons

– 200 g de lard frais de poitrine de porc
– 3 c à s de concentré de tomates
– ½ litre de fumet de poisson
– 3 tranches de pain au levain trempées dans du lait cru fermier
– Sel de mer
– Poivre noir du moulin
– Poivre de Cayenne
– 1/3 de botte de persil haché
– 1 noix de beurre
– Chapelure de pain maison

Mayonnaise classique
– 15 jaunes d'œufs
– 2 c à s de moutarde
– 3 litres d'huile d'arachide, de colza ou de tournesol
– ½ dl de vinaigre de cidre
– 1 dl d'eau tiède
– Sel de mer et beaucoup de poivre noir du moulin

Sauce aux aromates
– 1 kg de brunoise de légumes (carotte, céleri rave et poireau)
– 4 gousses d'ail entières en chemise
– 1 litre de vin blanc sec
– 1 litre de fumet de poisson
– 1 litre de bisque de homard
– 1 litre de crème fraîche crue fermière
– Thym et laurier

Sauce Haute-Provence
– 1 litre de coulis de tomate fraîche
– 1 litre de fumet de poisson

– 1 pomme coupée en dés avec la peau
– ½ c à s de zestes de citron
– ½ c à s de zestes d'orange
– 1 c à s de cacao pur
– 3 fleurs d'anis étoilé
– 3 c à s de poudre d'amande
– Quelques pistils de safran
– Sel de mer
– Poivre noir du moulin

Sauce au pamplemousse rose
– 6 échalotes hachées
– 5 litres de bière blanche de Brugge
– 3 litres de jus de pamplemousse rose frais
– 6 litres de fumet de poisson
– Sel de mer
– Poivre noir du moulin
– Beurre manié

Sauce du brasseur aux champignons des bois
– 4 litres de bière brune
– Thym et laurier
– 2 litres de champignons des bois cuits avec leur jus de cuisson
– 5 litres de fumet de veau
– Sel de mer, poivre noir du moulin et beurre manié

Remerciements à…

Mes grands-parents,
Mes parents,
Mon épouse, ma sœur et mon frère,
Mes cinq enfants et mes sept petits-enfants… Et ceux à venir,
Mon ami photographe Philippe Saenen,
Mes seconds de cuisine et les chefs que j'ai connu,
Les grands cuisiniers que j'ai copiés,

Jacques Brel, Yves Duteil, Michel Berger, Luc Plamandon, Nicolas Guggenbühl, David Declerck, Daniel Gramme, ainsi que toutes les personnes que je n'ai jamais oubliées !

Table des matières

Imprimé en France
Achevé d'imprimer en octobre 2024
Dépôt légal : septembre 2024

Pour

Le Lys Bleu Éditions
40, rue du Louvre
75001 Paris